U0129170

地方自治史上的重要一頁

臺灣第一屆縣市長選舉之研究（1949-1951）

李南海著

文史哲出版社印行

國家圖書館出版品預行編目資料

地方自治史上的重要一頁：臺灣第一屆縣市長選舉之研究（1949-1951）/ 李南海著
. --初版 --臺北市：文史哲，民 101.10
頁；公分
ISBN 978-986-314-070-2（平裝）

1.地方選舉 2.臺灣

575.333　　101021588

地方自治史上的重要一頁

臺灣第一屆縣市長選舉之研究（1949-1951）

著　者：李　南　海
出版者：文　史　哲　出　版　社
http:// www.lapen.com.tw
e-mail：lapen@ms74.hinet.net
登記證字號：行政院新聞局版臺業字五三三七號
發行人：彭　正　雄
發行所：文　史　哲　出　版　社
印刷者：文　史　哲　出　版　社
臺北市羅斯福路一段七十二巷四號
郵政劃撥帳號：一六一八〇一七五
電話886-2-23511028・傳真886-2-23965656

實價新臺幣二二〇元

中華民國一百零一年（2012）十月初版

ISBN 978-986-314-070-2　　58011

序

這本書是論述民國38年至40年臺灣省所舉辦第一屆縣市長選舉之情形。

這是本人多年前在香港珠海大學進修時，所寫的一篇研究報告，事後覺得仍有些問題有必要進一步的去探討和了解。因此，又重新將此題目加以修訂，並訂定章節，參閱相關文獻檔案和資料，而完成此一論著。

由於地方自治是國父孫中山先生極爲重要的一項政治主張，並認爲地方自治是建國的基礎，也是實施民主憲政的基礎。因此，有關此方面的問題即特別受人重視，也成爲學者們研究的對象，特別是各大專院校研究所的學生，常以此做爲撰寫碩博士論文的題目。然，有關這方面的研究成果，多圍繞在地方自治與社區發展或與地方政府之關係方面的研究，對於透過選舉來看地方自治之實施則較少，本人乃針對此點，就以第一屆縣市長之選舉爲重點，透過選舉，讓讀者了解，當時的地方自治是如何推動的，也因這次的選舉，讓地方人士選出自己心目中理想的人選來替百姓服務，這也正好符合中山先生倡導地方自治的宗旨。除此之外，本人並針對各縣市所選出之縣市長就其性別、年齡、學經歷等項做一分析和說明，如此則可對這些選出之縣市長有更深一層的認識，這也是本論文研究的重點之一。

一般認爲臺灣省地方自治是從民國 39 年開始實施，然則臺灣的地方自治早在日治時期即在部分菁英分子的推動下展開了，且有過一次選舉半數民意代表的經驗。

民國 34 年 10 月 25 日，臺灣光復後，重歸祖國懷抱，臺灣同胞已感受到脫離日本殖民統治，並有當家做主的感覺，但事後卻發現地方首長的派任，乃權操中央，因而令人大感失望，並認爲臺灣並未真正實施地方自治。但臺灣同胞並未放棄任何希望，仍積極的向有關單位陳述選民之意願和建議，尤其是省參議員曾多次在議會中提議希望政府儘早實踐在台實施縣市長民選的承諾。直到 38 年 1 月，陳誠主政後，才開始積極推動此一重大民主工程。由於推動地方自治的母法係「省縣自治通則」，在立法院未能順利通過。 因此，在不得已的情況下，陳誠乃開始試圖以行政命令來建立地方自治的體制架構。[1]依此規劃才得以順利進行此一次的縣市長選舉。

此外，我們亦可由此次的縣市長選舉中可以看出，選務單位在投票方面做了許多的改革，此在結論中已有論述，在此不再贅述。但，不可否認的是仍有許多缺失尙未改善，最重要的是無論處在任何一個時代，選民都要有健全的心態、良好的民主素養、法治的觀念，以及設法杜絕選舉舞弊和貪瀆行爲的一再發生，讓所有的選舉都能光明正大的進行，順利圓滿的完成。

1　薛化元：〈臺灣地方自治體制的歷史考察 — 以動員戡亂時期爲中心的探討〉，《威權體制的變遷：解嚴後的臺灣》（臺北市：中央研究院臺灣史研究所籌備處發行，2001 年 1 月初版），頁 175。

總之，此次的縣市長選舉，雖然在臺灣的地方自治史上只是初試啼聲，但他所代表的意義卻是非凡的，至少讓人了解到臺灣已向民主憲政的大道邁出了第一步，並爲未來民主政治的發展樹立了良好的典範。

最後要說的是，在撰寫本論文期間，經常往來於中研院近史所、國史館，以及政治大學等圖書館和社會資料中心，並前往位於中興新村的臺灣省政府、內政部民政司，和總統府等單位之檔案館參看相關之檔案和文件，他們都給予本人許多的協助和方便，再此向他們致上最高的謝意。

李南海　謹誌於國立臺北科技大學
2012 年 9 月 20 號

地方自治史上的重要一頁：

臺灣第一屆縣市長選舉之研究（1949-1951）

目　　次

序……1
第一章　緒　論……27
第二章　地方自治法規之制定與選務機關之成立……31
　第一節　地方自治法規之制定……31
　第二節　選務機關之成立與選務人員之確定……35
第三章　籌備工作之進行……39
　第一節　行政區域的調整……39
　第二節　分期實施選舉……41
　第三節　選舉人與候選人資格之規定……43
第四章　選務工作之展開……49
　第一節　對選務人員之規範……49
　第二節　對選民之期許……52
　第三節　對候選人之要求……55
　第四節　候選人發表政見……56
　第五節　競選活動之進行……58

第六節　投票情形……62
第七節　違法貪瀆與選舉糾紛……71
第八節　開票結果……75
第五章　縣市長當選人成分之分析……83
第一節　性　別……89
第二節　年　齡……90
第三節　籍　貫……93
第四節　教育背景……95
第五節　經　歷……98
第六節　黨派勢力之分析……131
第六章　結　　論……135
參考書目……141

圖表目次

圖一：總統府藏有關臺灣省縣市長選舉之檔案…………………9
圖二：蔣總統對該黨同志參加各縣市長及縣議員
選舉者，必須照其面示，切實辦理之電文…………10
圖三：內政部藏「派員督導臺灣省縣市長選舉」檔案……11
圖四：內政部派警政司長鄭澤光前往高雄縣市，
以及派科長張詩源前往屏東縣，督導該
縣市長選舉之電文…………………………………12
圖五：臺灣省政府藏「縣市長選舉投票所
辦事細則」檔案……………………………………13
圖六：臺灣省政府藏「縣市長選舉疑義」檔案…………14
圖七：臺灣省政府民政廳答覆選舉監察委員會有關
「現任軍人等可否為競選人、推薦人」之電文……15
圖八：臺灣省政府民政廳答覆高雄縣政府有關「辦理
選舉事務疑義」之電文……………………………16
圖九：《臺灣新生報》，臺北，民國39年10月2日
（三），刊載熱心的市民們冒雨前往投票………………17
圖十：《臺灣新生報》，臺北，民國39年11月25日
（五），刊載選舉必須守法，謝絕一切非法贈與……18
圖十一：《臺灣新生報》，臺北，民國39年10月15日
（五），刊載花蓮台東兩縣選舉縣長之消息………19
圖十二：《臺灣新生報》，臺北，民國40年4月2日
（三），刊載四縣縣長選舉，已順利
完成之消息……………………………………………20
圖十三：《中華日報》，台南，民國40年3月30日，

第 5 版，刊載雲林縣長候選人發表
政見之消息 ······ 21
圖十四：《中華日報》，台南，民國 40 年 4 月 2 日，
第 3 版，刊載高屏兩縣縣長選出之消息 ······ 22
圖十五：《公論報》，臺北，民國 40 年 1 月 14 日，
第 3 版，刊載地方自治之實施，臺北市
於當日選舉市長 ······ 23
圖十六：《公論報》，臺北，民國 40 年 1 月 27 日，
第 3 版，刊載辦好地方自治，必能
發揚民主政治 ······ 24
圖十七：《中央日報》，臺北，民國 40 年 1 月 15 日，
第 4 版，刊載臺北市催票及開票情形 ······ 25
圖十八：《臺灣省地方自治誌要》（台中市：臺灣省地方
自治誌要編輯委員會，民國 54 年 11 月 12 日
出版），介紹選民踴躍投票情形 ······ 26
表一：臺灣省各縣市選舉事務所成立一覽表 ······ 37
表二：第一屆縣市長選舉分期進度表 ······ 42
表三：第一屆各縣市縣市長候選人一覽表 ······ 47
表四：臺灣省各縣市第一屆縣市長選舉概況表 ······ 80
表五：第一屆縣市長當選人名單 ······ 83
表六：第一屆縣市長當選人年齡分類統計表 ······ 91
表七：第一屆縣市長當選人籍貫統計表 ······ 95
表八：第一屆縣市長當選人職業分類表 ······ 98

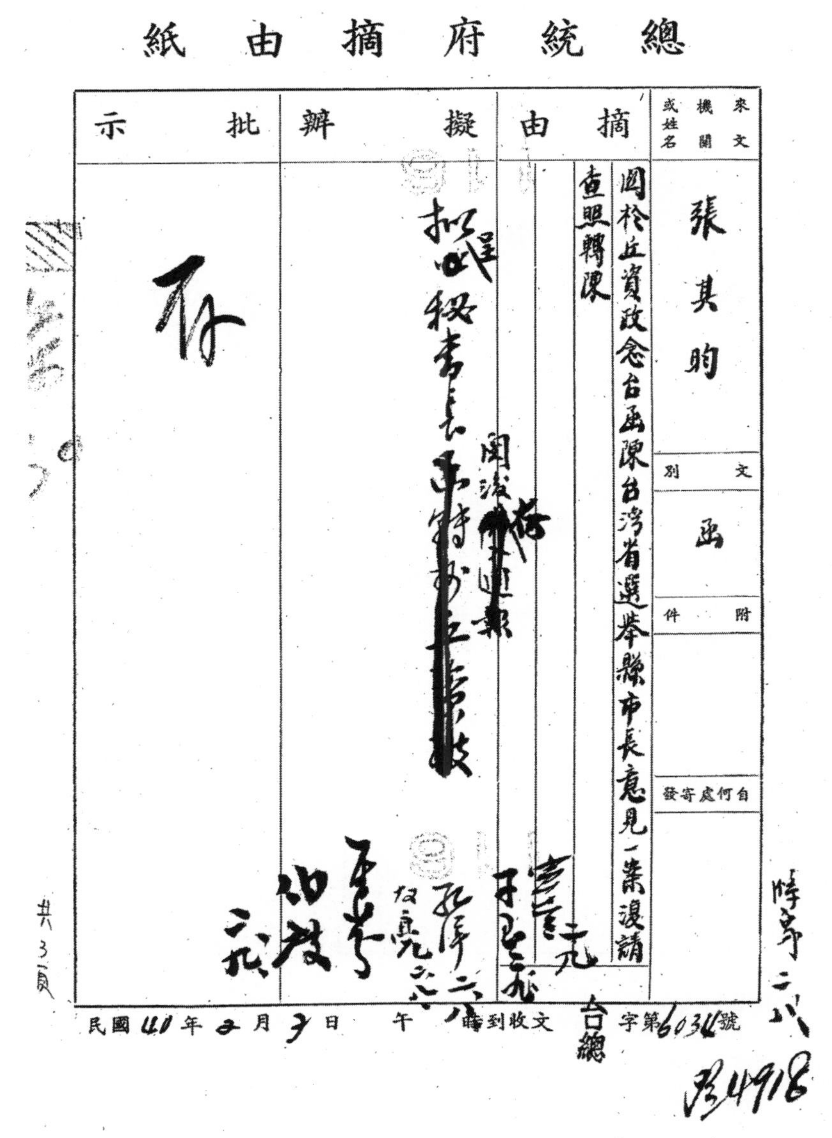
總統府摘由紙

來文機關或姓名	摘由	擬辦	批示
張其昀	函陳台灣省選舉縣市長意見一案復請查照轉陳		
文別：函			
附件			
自何處寄發			

民國41年2月3日 午 時到收文 台總字第6036號

圖一：總統府藏有關臺灣省縣市長選舉之檔案。

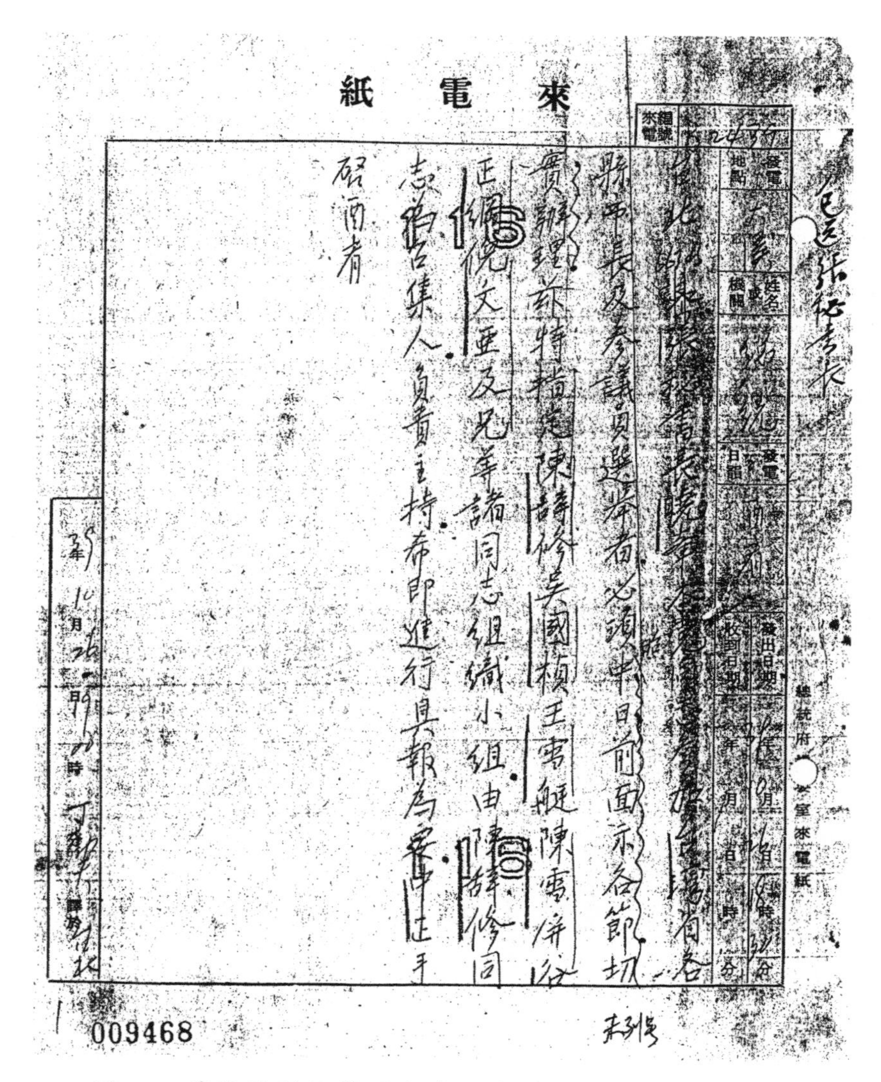

來電紙

來電編號

發電地點

發電姓名或機關

發電日領

發出日期

收到日期

[illegible]

縣市長及參議員選舉者必須照中日前面示各節切

實辦理茲特指定陳誠修吳國楨王雲[illegible]陳雪屏谷

正綱倪文亞及兄等諸同志組織小組由陳誠修同

志為召集人負責主持希即進行具報為要中正手

啟酉有

總統府秘書室來電紙

009468

圖二：蔣總統對該黨同志參加各縣市長及縣議員選舉者，必須照其面示，切實辦理之電文。

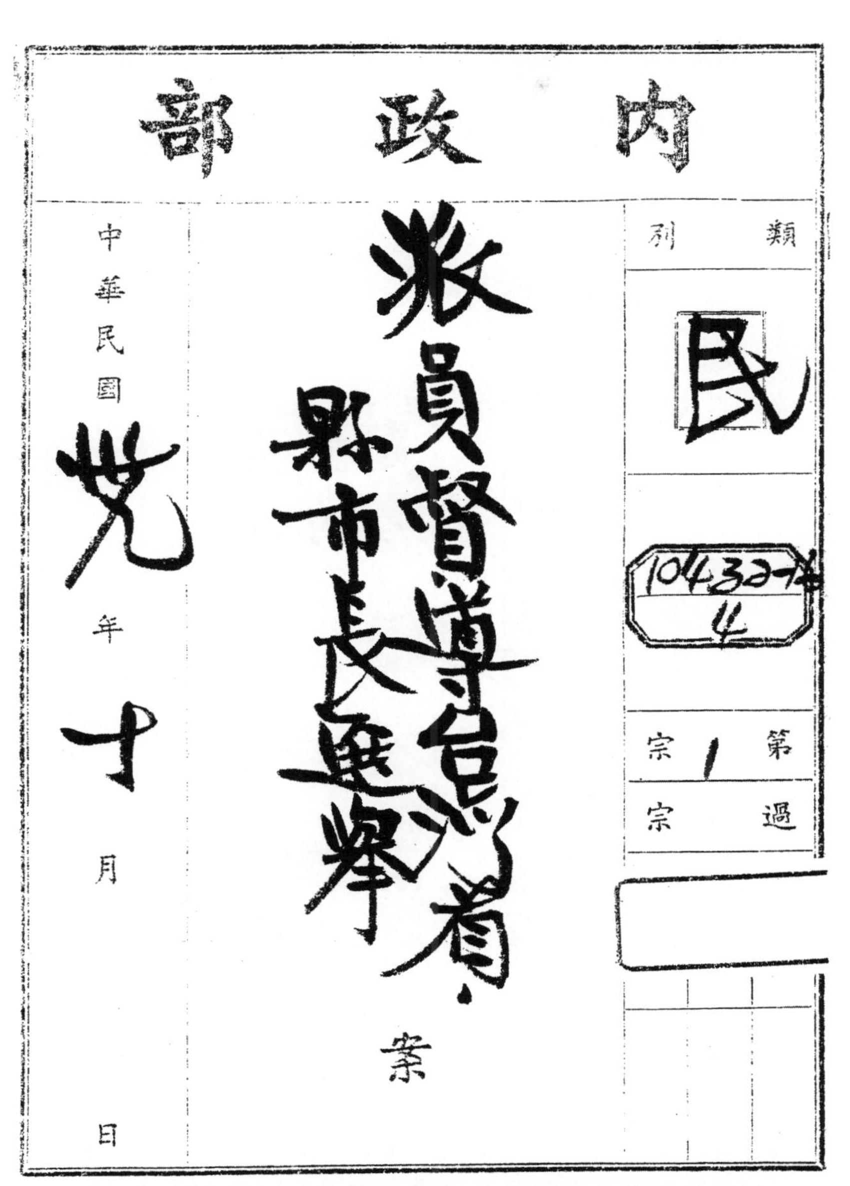

內政部

類別：民

104322-4
4

第 1 宗
過 宗

派員督導台灣省縣市長選舉案

中華民國卅九年十月 日

圖三：內政部藏「派員督導臺灣省縣市長選舉」檔案。

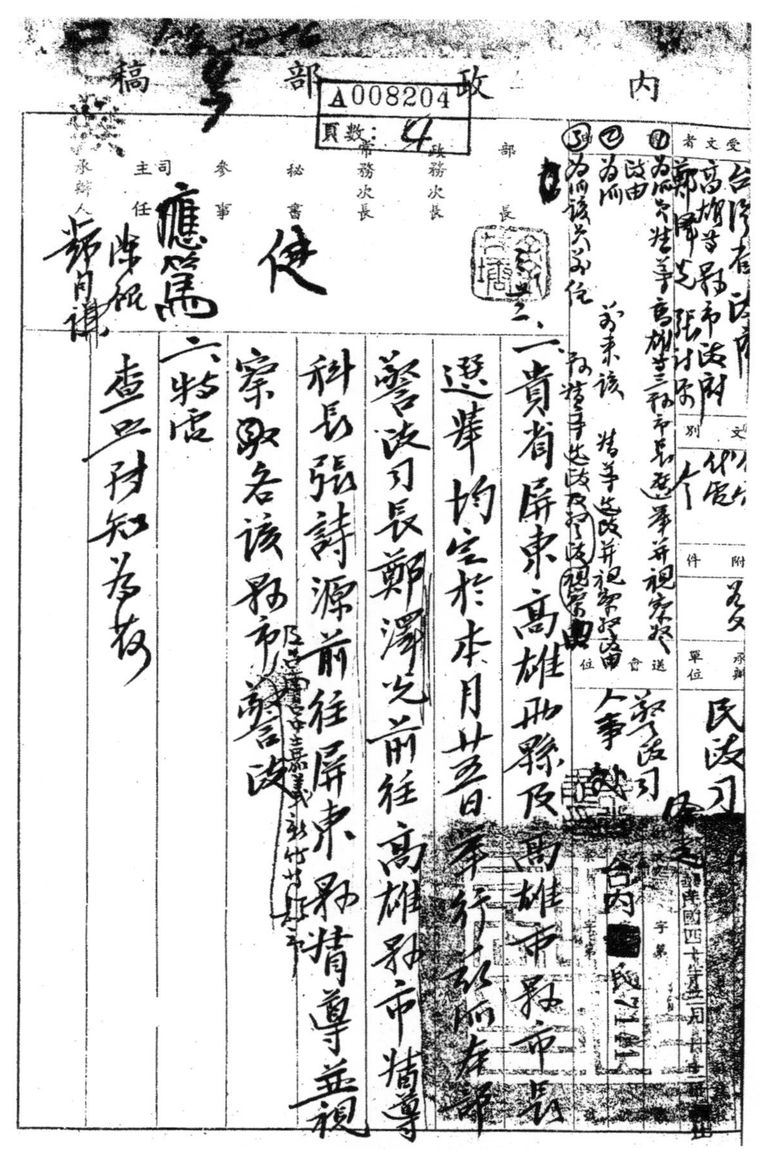
內政部稿

A008204

頁數：4

受文者：台灣省政府

文別：代電

承辦單位：民政司

部長　政務次長　常務次長　秘書　參事　司主任　承辦人

一、貴省屏東高雄兩縣及高雄市縣市長選舉均定於本月廿五日舉行

警政司長鄭澤光前往高雄縣市督導

科長張詩源前往屏東縣督導並視

察取各該縣市警政

二、特電

查照知等複

圖四：內政部派警政司長鄭澤光前往高雄縣市，以及派科長張詩源前往屏東縣，督導該縣市長選舉之電文。

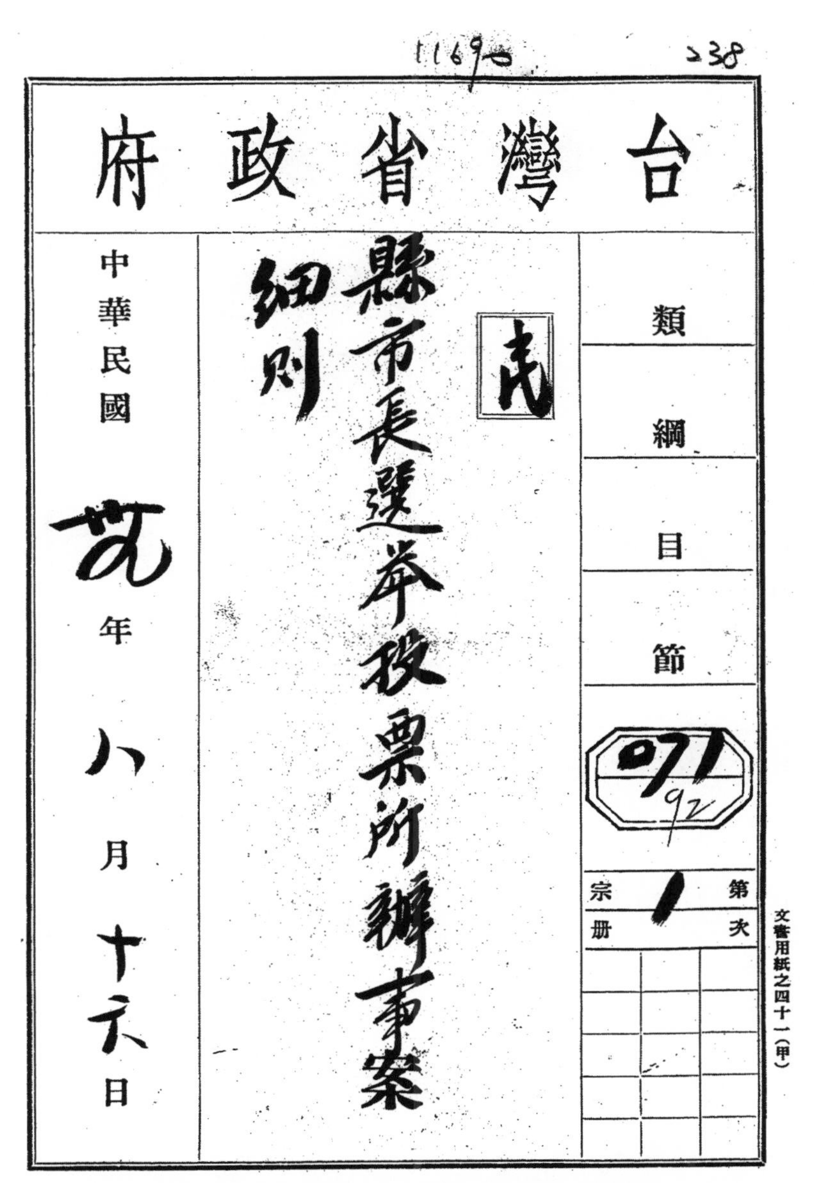
11690 238

台灣省政府

類 綱 目 節

民

縣市長選舉投票所辦事細則

071
92

第 1 宗
次 册

中華民國卅九年八月十六日

文書用紙之四十一（甲）

圖五：臺灣省政府藏「縣市長選舉投票所辦事細則」檔案。

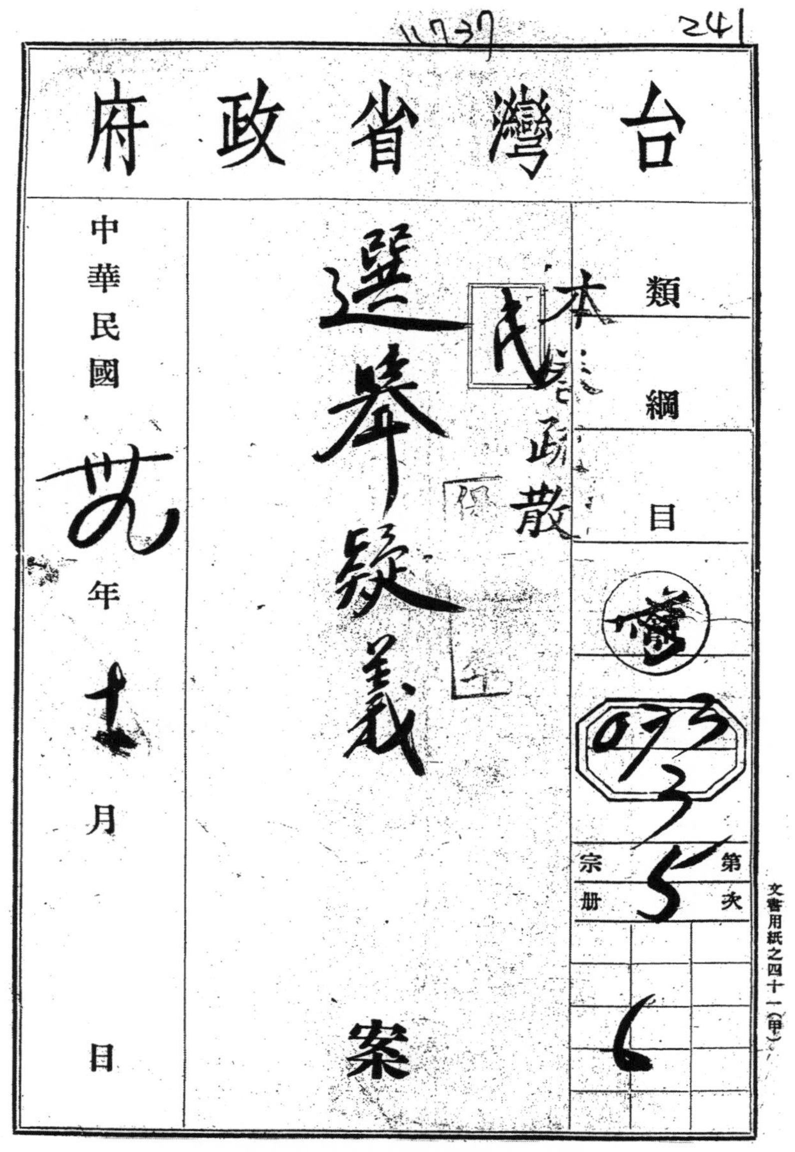
台灣省政府

選舉疑義案

類
綱
目

宗　第
冊　次

中華民國　年　月　日

文書用紙之四十一（甲）

圖六：臺灣省政府藏「縣市長選舉疑義」檔案。

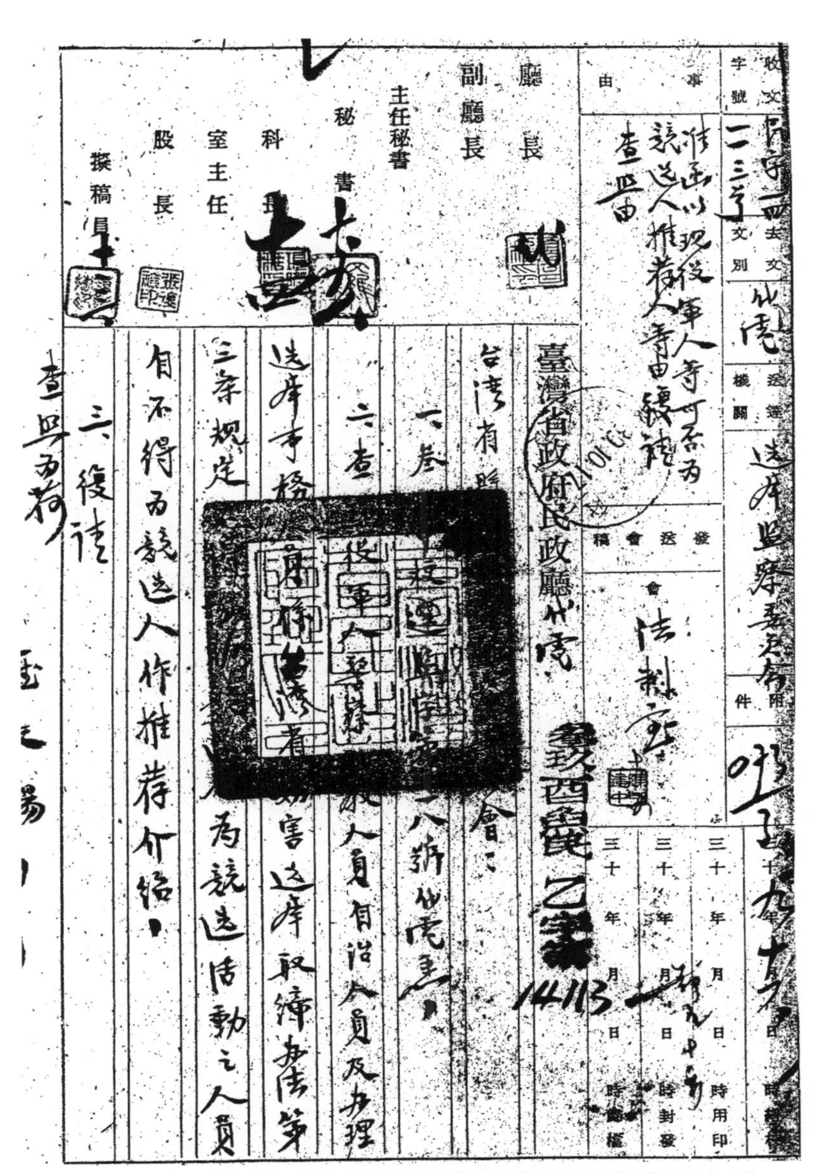

收文字號	二三字
發文別	代電
送達機關	選舉監察委員會
附件	
事由	准函以現役軍人等可否為競選人推薦人等由復請查照
會稿送發	會 法制室

廳長
副廳長
主任秘書
秘書
科長
室主任
股長
擬稿員

台灣省選舉監察委員會：

一、卷准

二、查現役軍人及自治人員及辦理選舉事務人員……有妨害選舉取締辦法第三條規定……為競選活動之人員自不得為競選人作推薦介紹。

三、復請查照

臺灣省政府民政廳代電 卅酉民乙字 14113

三十 年 月 日 時用印
三十 年 月 日 時封發
三十 年 月 日 時歸檔

圖七：臺灣省政府民政廳答覆選舉監察委員會有關「現任軍人等可否為競選人、推薦人」之電文。

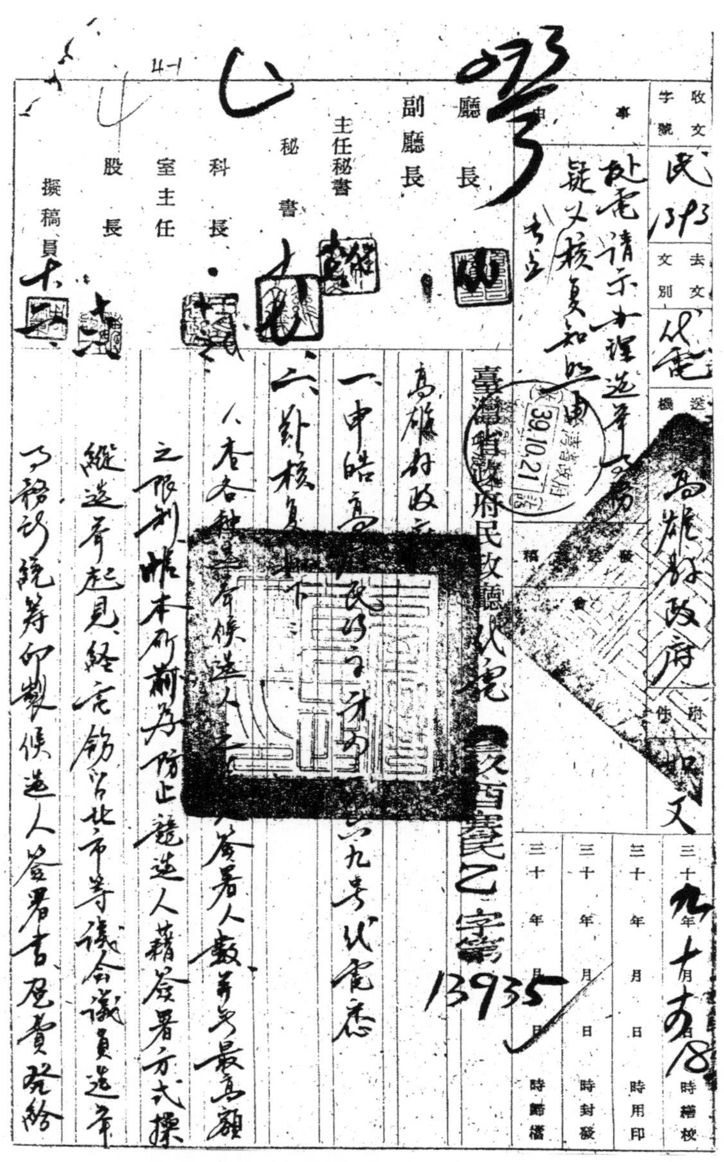
收文字號 民 1373

事由 飭電請示辦理選舉事務疑義核復知照由

去文文別 代電

送達機關 高雄縣政府

附件 如文

廳長 副廳長 主任秘書 秘書 科長 室主任 股長 擬稿員

臺灣省政府民政廳代電 （39）府民乙字第 13935 號

高雄縣政府：

一、申皓高[illegible]民[illegible]字第[illegible]九号代電悉

六、[illegible]核復如下：

八、查各種[illegible]選候選人[illegible]之簽署人數並無最高額之限制，惟本府前為防止競選人藉簽署方式操縱選舉起見，經電飭台北市等議會議員選舉事務所統籌印製候選人簽署書、應責發給

圖八：臺灣省政府民政廳答覆高雄縣政府有關「辦理選舉事務疑義」之電文。

【本報訊】省選舉監[illegible]……遴生、民政廳楊廳長、副[illegible]……[illegible]道。」

三個選區 投票大勢

鄉民情緒 最為熱烈

【本報訊】臺北市第一選舉區選民總數據市選所發表為八七、七一五人，其中松山區一九、七〇七人，大安區三四、一一六人，中山區三三、八九二人。全區選民分在廿個投票所投票，松山區共六個投票所，大安區[?]為六個，中山區八個。最[?]跟者為設于××工廠子弟學校內之[?]三投票所，[?]廠軍工及其[?]屬多能了解選舉議員之重要性，故清早即[?]參列隊前往等候行使[?]等之投票權利。附近[?]民對投票一事，[?]至感興趣。縱觀全日全市之各投票所，以情形熱烈言之，殆無出其右者。松山區公所之第二投票所，選民[?]甚多，閣弟光臨，一同投票者大有人在。

【本報訊】臺北市議員選舉第二選區（包括古亭、双園、龍山、城中四區）昨（一）日從七時正至下午七時止，全區十一萬多選民，分別在廿三個投票所投票。第二選區將選出第二選區十九位議員。（按該選區十一[?]多選民，有三[?]人為空戶）。前往投票的以軍公教人員和一般市民各半。秩序尚佳。

【本報訊】昨（一）日為臺北市議員選舉投票的一日，第三選舉區，全區七五、八五一名選民，將在三十四名候選人中，選出市議員十六人。從昨晨七時起，至下午七時止，全區十六個投票所的投票手續，已告全部順利完成，以延平區選民，投票成績最佳，該區投票率竟達百分之八十強。晚間七時半開票，全區票數至今（二）日晨二時左右，始統計完畢。

【本報訊】本市第三選舉區選民總數為七五、八五一人（包括建成區二五、九〇九人。延平區二八三九〇人。大同區二一、五五二人。）共設投票所十六處，其中範圍最大者，係為十一投票所，所轄選民有十八[?]之多。最少者僅四個[?]。每一投票所，分設投票箱一個至五個，平均約三千票共設一箱。

選舉區

熱心的市民們冒雨前往投票　老夏速寫

沒有。

△武裝同志很為「茂盛」，了制服也顧不了，他們以身作則，一面投取任務，一面自發地負起責來，所以人雖多，有條。

△例是市內方的投票所，給時的影響，「市」許多準備打一管理員一看情形空緊張的一陣。

△大安區公理有一位跛腳選（恰與第三選區同名）請一朋友票。

△投票所周尺內的標語，選除清楚，大安區仍然有高而且大立，最麻煩的是面貼的標語，具流動性，行蹤飄時顯。

△[?]不識字[?]，對投票的時看出，找到好心下，往往會變了變成了李四，這後總算給發覺了為遲了一點。

△候選人硬[?]最後的五分鐘午六時還有宣傳作最後的掙扎，[?]員在二百零一

圖九：《臺灣新生報》，臺北，民國 39 年 10 月 2 日（三），刊載熱心的市民們冒雨前往投票。

克服困難 爭取勝利

嘉義選舉縣議員
廿八日分別投票

公教配給制度週密
受配人員均表感激
一般反應認爲米太多油太少

〔臺灣社訊〕中央公務人員日用必需品，自八月份起實行由政府配給，至今已有五月，據政院配給委員會負責人告記者稱，配給工作已漸上軌道。該會並曾徵求中央公務人員對配給實物之意見，據稱：若干北方籍者，因不慣米食，希望能搭配麵粉。一般之反應，皆認爲食米配給量太多，而油量則嫌太少。記者並曾訪問若干中央公務人員，彼等亦有相同之意見，對政府配給制度之週密，甚爲感激。配給品均由合作社專送至受配人員，甚且有因受配人員出差，而專送三、四次者，但所感到不便者，爲一般受配人員，均缺乏儲米之工具，配給會所借用之米袋，亦有被老鼠咬者。

各階層皆樂於接受。我們認爲克難運動光是三軍中開展是不夠的，每一個同胞都要誠意的接受，身體力行，軍民打成一片，患難與共，甘苦同嘗，這樣不但復興基地的鞏固可以建設起來，反攻大陸的勝利一定可以提前實現。我們遙望中原，懷念苦難的同胞，我們必須加倍努力，準備打回大陸去，完成反共抗俄使命，拯救他們回到民主自由的懷抱。

由中國的部隊反攻大陸，自政治意義言，他可以號召大陸上四億五千萬人民一致響應，他可以號召匪軍中的國軍部隊來歸。……

總括一句說，聯合國成敗的關鍵，聯軍成敗的關鍵，取決都在能否爭取主動。爭取主動的關鍵很簡單，改變現在「中立臺灣」的政策，協助中國軍隊反攻大陸！（完）

經合加強援臺
聘美專家來省工作
分署擴大組織說尚未獲得證實
增加臺銅產量專家研究中

拜託

選舉必須守法，應謝絕候選人之一切非法贈與（宏夏作）

圖十：《臺灣新生報》，臺北，民國39年11月25日（五），
刊載選舉必須守法，謝絕一切非法贈與。

民主世紀自擇公僕
花蓮臺東今選縣長
準備妥善預料成績必極圓滿
臺東交通不便結果明日發表

【本報花蓮十四日專電】花蓮選民七九九七九人，定明日上午七時至下午六時，分別在九十投票所選舉。今後三年內的公僕，當此投票前夕，競選活動益爲激烈，各候選人均已結束其下鄉競選活動，返回市區，率運動員挨戶拜訪，咸欲作最後努力，爭取選票。市選所各項準備，均已就緒，選務人員因有辦理議員選舉經驗爲基礎，一切已更有把握。據省監察委員何景寮稱，花蓮選務準備極爲充分，監察小組與選務所配合亦頗良好，預料明日選舉結果，必甚完滿。內政部次長唐縱今日下午邀花蓮各界及中央在花機構首長舉行座談會，交換對選舉意見，並聽取各界意見。席間曾縣長林議長及商會農會代表均曾提供意見，盼多協助東部建設，改善交通，興修水利及堤防工程。最後唐次長勉恆選賢能，保持花蓮首先實施地方自治之榮譽。（[illegible]文新）

【本報臺東十四日專電】十五日晨七時起至下午六時止，臺東縣五二八八九位公民行將行使他們第二次的公民權，爲選舉縣長投下他們神聖的一票。全縣共設投票所五三處，綠島與蘭嶼三處，陸上五十處。然因交通不便，所以卽令氣天好，恐確切的結果需要十六日才能發表。記者於十四日午二時，隨縣府民科胡哥會科長赴各投票所巡視，見各處佈置及設備均甚合標準，而三項新設施，尤爲他處選舉所未有。（一）爲使易於文盲選民投票，將選票放大，並於候選名字正上方粘貼四寸半身相片，懸掛於寫票處，以便選民辨識。（二）將選民名冊，依身分證號碼編排，俾便於核對，以資省時迅速。（三）於寫票處張貼警語，以制止任何非選民走近，省府除民政廳項際科科長外，並未有何高級人員前來，[illegible]

察小組開會，聞將討他落選者審查廢票。乃至市選所請求合併，吳三連主委不具體，請他以電話向省選會請示，俾迅速解決。允。當時本人一再[illegible]，但事實上不得不[illegible]程序，當進行法定時，監察小組總辭職力勸而舉出數點，他市選所在選舉前數日投票開票管理監察人無形中增加串通之可

圖十一：《臺灣新生報》，臺北，民國 39 年 10 月 15 日（五），刊載花蓮台東兩縣選舉縣長之消息。

中華民國四十年四月二日

陽光普照　萬民歡欣

四縣縣長選舉 昨順利完成

投票率估計八成

【本報訊】昨（一）日為北縣、新竹、桃園、苗栗四縣，同時舉行縣長選舉投票，是日宿雨初晴，陽光普照，四縣選民於歡騰鼓舞中，迎接此民主佳日。

北縣縣長候選人，共四人逐鹿，選民二十七萬餘，於晨七時，即分赴二百廿六個投票所投下神聖的一票，因投票情況大致良好，截至昨（一）日下午六時止，投票率可能達七成半。投票時蔣渭川次長、項昌權副廳長，均親自前往巡視各鄉鎮投票情形。

桃園縣長候選人由六人出馬，全縣十三鄉鎮，共設七十八投票所，晨七時選民均踴躍前往各該居住鄉鎮投票，截至下午七時止，估計投票率約八成左右。

新竹縣由候選人四名角逐，全縣鄉鎮共設一百卅二票區，投票於晨六時五十分開始，在選票未開出前，據估計投票率，市區僅估六成，鄉村則約八成。其中以關西鎮大平里投票成績最佳。

苗栗區二候選人平分春色，該縣縣民十五萬餘，亦於清晨七時即分在全縣各鄉鎮壹百二十所票匭投票，在

楊肇嘉抵彰化

出席選舉

監察委員會暨監察小組各委員，不辭辛勞，分途巡迴監察，新聞界人士，關心選政，辛勤採訪，本縣各級選務工作人員，一致努力工作，使此次縣長選舉，順利完成，殊為感謝。所望全縣民眾，今後團結合作，共同為地方建設，大眾福利而努力，奠定地方自治良好基礎，

促進民……，尤為……

宜蘭一戰友

……上月……四時，……邊水源……因缺水……中，正……部奮身……救起，四……鳳，四……里三鄰……捨身救……佩不已

圖十二：《臺灣新生報》，臺北，民國 40 年 4 月 2 日（三），刊載四縣縣長選舉，已順利完成之消息。

中華民國四十年三月三十日

雲林縣長候選人 發表政見 日程排定

【本報斗六訊】雲林縣縣長候選人政見發表會，經已決定自四月三日起至十二日止分別在各鄉鎮舉行一天，茲將已排定日程表誌次：四月三日下午一時三十分在古坑鄉，四日大埤鄉，五日莿桐鄉，六日二崙鄉，七日麥寮鄉，八日土庫鎮，九日台西鄉，十日褒忠鄉，十一日四湖鄉，十二日水林鄉。四月三日下午八時在斗六鎮：四日斗南鎮，五日林內鄉，六日西螺鎮，七日崙背鄉，八日虎尾鎮，九日東勢鄉，十日元長鄉，十一日口湖鄉，十二日北港鎮。

【本報斗六訊】雲林縣縣長選舉事務所與雲林縣監察小組於廿八日下午二時在縣府會議室召集該縣縣長候選人廖民金、吳景徽舉行座談會，均由曾縣長主持，監察小組委員兼召集人魏軍發等亦出席，該會會通過候選人競選公約及政見發表會注意事項等，至下午五時散會。

彰化投票所人員講習

【本報彰化訊】彰化縣長選舉事務所定卅日起至四月五日止分別在各鄉鎮舉行投票所管理員、監察員講習會，該所為鼓勵縣民投票，除舉辦投票率比賽外，定投票日前三日擴大宣傳，擬派出宣傳汽車到各地宣傳。並油印大批傳單撒佈縣民閱讀。

南縣今選務座談

【本報新營訊】南縣縣長選舉工作現正加緊準備，縣長選舉事務所為期工作順利展開，定三十日上午十一時，假縣政府大禮堂召集縣下各分局長、各鄉鎮長及各鄉鎮公所民政股主任，舉行本縣縣長選舉業務座談會，商討有關工作進行事宜。

注意領發選票手續

鄭澤光視察高縣

【本報鳳山訊】內政部警政司司長鄭澤光，日前由省南下督導選務，並順道視察南部各縣市警政。茲息：鄭氏在屏縣任務完成，於廿[illegible]日偕科長張詩原抵縣分赴鳳山岡山兩區視察警政，三十日並將赴[illegible]山視察，卅一日在縣警察局召開檢討會，對縣警政推展將有所[illegible]示。

屏童軍會閉幕 昨拔營後會操

大會檢討此次得失 彰化童軍慰勞駐軍

【本報屏東訊】中國童子軍屏東縣首次大會，廿九日閉幕，上午十時自鯉魚山拔營返屏後，即參加反抗共匪暴行示威大遊行，並在縣立體育場舉行大會操，三百個童子軍仍精神奕奕，活潑緊張，站立體育場，旗幟飄揚，威風凜凜，會長何學帆縣長，副會長王維樑、林石城等檢閱時，童子軍歡呼致敬，旋進行分列式，

[illegible]、香烟、鷄蛋、圖書物四千餘件後派員[illegible]各地慰問傷患軍人，(二)於今日上午假[illegible]和樂兩戲院舉辦[illegible]會招待駐軍，由各童子軍分別擔任話劇[illegible]等節目。(三)假[illegible]及裝甲兩電台廣播[illegible]印慰問傷患將士書。

斗六糖廠

圖十三：《中華日報》，台南，民國40年3月30日，第5版，刊載雲林縣長候選人發表政見之消息。

中華民國四十年四月二日

高屏縣長誕生

高雄洪榮華鰲頭獨佔
屏東張山鐘得票領先

洪榮華

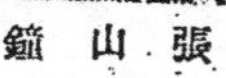

張山鐘

【本報鳳山二日發專電】高雄縣長復選，於一日舉行，晨七時起投票，下午六時截止，繼即開票，至十二時全部開票完畢，洪榮華以九〇八〇三票當選高雄縣長。兩位候選人得票統計如下：全縣公民總數二〇五〇六八，總投票數：一八一〇六八，洪榮華得票九〇八〇三票，陳新安八七七九一票，票二四七四，投票率百分之八十九。

【本報屏東二日發專電】屏東複選縣長，截至記者發電時止，開票結果如下：張山鐘得九〇六五四票，孔德興得六二三三六票，有效票共一五二九九〇票，投票率達百分之七三，以上結果，牡丹、來義二個山地鄉未包括在內。查該二鄉公民人數不多，故張山鐘當選屏東縣長當無問題。

【本報屏東訊】屏東縣民選縣長業經昨日選出，縣選所將報省定期公告正式當選。新舊任交接，將於五月一日舉行，何縣長即日飭令縣府各單位準備移交手續。

兒媳扶攙翁姑

譽為「民主褓姆」的何縣長，昨夜為助產工作告成至表欣慰，他幽默地說：「民主嬰兒」出世後，尚有一個月的保育工作，他將為「嬰兒」脫胎，洗滌，讓他好好地成長！

縣長選舉來得可觀。縣選務所兼主委曾中生，仍以「民主褓姆」的姿態，于晨七時正偕同夫人赴第一投票所（鳳山中山堂）排列在選民行列裡，成竹在胸地去圈選未來的新縣長，選舉委員陳濟文（議長），縣監察小組委員李文後亦於省得各地選舉進行中，先後在各該轄投票所，慎重地把圈就的選票投下票匭後方繼續執行任務，可謂工作不忘選舉。鳳山鎮縣治所在地，各機關團體學校等首長亦要後有公民權的，均很認真地率先去享受他們選舉的權利，軍公人員，機關外女職員有攜帶禁照的，有抗議成双的，也都不輕易放棄他（她）們應有的權利。少數選民具有熱烈的情緒跑進投票所，於取出身份證後，始發覺他們在選舉人名冊「……

洪榮

高縣兩候選人昨天活動情形

高縣縣長候選人洪榮華，三月卅一日下午在鳳山及……四時又達八成，結束時設已有九成之譜。從開票始，洪氏於……

與投票所人員理直氣壯的打起交涉，慷得面紅耳赤，心猶未甘。總之，第二次縣長複選選民們投票情緒倍見熱烈緊張，兩方候選人雖五有選背競選公約，在投票日仍派運動員四出地下活動，幸尚未發觸法事。各組督導人員于當日下午六時前後，以任完成次第返鳳山。入縣府二樓縣長室，緊有督導、監察大員和聞記者們，樓下大禮也集攏了許多關心縣選舉結果的運動員助人員，大家心情興奮張，熱烈地等待着各投票所播送的佳訊。

，在日麗風和的天氣，於平靜，愉快與緊的情緒中順利進行完畢，民選縣長，一日午夜便誕生了。

△頁有「民主褓姆」盛譽的縣長何擧帆，偕夫人温麗秀女士，於七時正即到第五投票所投下第一、二票，何縣長自從擔負選擧，縣長選擧，縣長再選，已經是三度領先，為民主而努力的「褓姆」辛苦了！

△縣府主任秘書陳上仁雖在東寧寺投票所，榮獲第一投票權，但太座未伴行，不免有形單影隻之嘆，追問太座未能偕同投票之故，陳則笑答：「芙蓉帳暖度春宵」。

△縣選所總幹事饒維池民政局長，六時即到所坐鎮，縣長何擧帆八時抵所指示機宜——小車八部

……，為率市，除……△頁……恭監委……理選務……之地。……，不到……太可惜……△監……驅車巡……，路過……又行使……諸君紛……△選務……投票所……扇的手……

圖十四：《中華日報》，台南，民國 40 年 4 月 2 日，第 3 版，刊載高屏兩縣縣長選出之消息。

中華民國四十年一月十四日

地方自治續展新頁
省垣今日選舉市長
上午七時開始下午六時截止
晚十一時後新市長即可揭曉

〔本報訊〕本市廿五萬多的選民於今日上午七時起，分別在各住區投票所投票選舉本市市長，投票期間到當日下午六時截止。隨即在各投票所當場舉行開票，然後將結果送往區公所轉送市長選舉事務所統計。誰得票最多，大約到晚上十一時以後，就可以知道。全市一百廿二個投票所，十三日上午已開始佈置。借用機關學校的投票所，也已在下午下班以後，即進行佈置，在晚上十二時前可全部完畢。全市辦理選務人員和憲警，定今日上午五時分別出發各投票所執行工作。

〔本報訊〕台北市今日選舉市長，有關選務工作，市長選舉事務所已經準備妥當。各投票所工作人員，也已分配停妥。全市的投票開票管理員和監察員、憲兵、警察，共計出動三千五百多人。各區督導員分配如下：中山區陳紹炎、大同區吳石山、延平區[illegible]文林、建成區古廷正、城中區程月亭、龍山區李云[illegible]、雙園區陳茂林、古亭區桂華岳、大安區[illegible]、松山區黃千里。

候選人昨活動熱烈
街頭巷尾拜託投票

〔本報訊〕十三日大雨滂沱，天氣嚴寒，本市市長候選人的競選活動，卻趨於白熱化。街頭巷尾懸掛着候選人的名字的大小宣

圖十五：《公論報》，臺北，民國40年1月14日，第3版，刊載地方自治之實施，臺北市於當日選舉市長。

……分別解釋，殷切盼望民選縣市長認清我國目前的局勢，共為保衛台灣，反攻大陸的目標而努力。最後結論，吳主席說：台北台南台中，稱「三台」，是本省最重要的地區，基隆是本省的咽喉，澎湖是本省的最前哨，深望五位民選縣市長，為地方人民造福，為民主政治貢立良好的基礎。

決心辦好地方自治 必能發揚民主政治

李副議長向五市縣長致詞

繼由省參議會副議長李萬居致詞，大意說：本省實行地方自治，深切感謝陳長官和吳主席的決心與努力，相信全省七百萬同胞，亦必共同感激政府。台灣今日能做到了民主政治，敢說是[illegible]任何地方所不及。我們具有決心把地方自治辦好，各位民選縣市長，在賢明的吳主席領導之下，相信必能使民主政治，發揚光大。敬祝各位成功！

末由民選台北市長吳三連致答詞，大意說：承蒙吳主席照案，並致懇切的訓詞，深為感謝，並極興奮。本人此次幸獲當選，但深感責任重大，一方面定當接受中央的付託，另一方面亦定當負重民眾的付託，努力以赴。個人才疏力薄，敬請各位省府委員，各廳處長，各位省參議員，多多匡助，多多聯繫，多多指導。

雲林嘉義台南 明選舉縣議員 楊肇嘉赴各縣督導投票

〔本報訊〕省民政廳長楊肇嘉於昨晚搭快車南下，分赴雲林、嘉義、台南三縣，督導各該縣廿八日舉行之縣議員選舉投票。

……之人員。講習方式分專題講座，分組研究，分組活動等三項。地點臨時借設省立師範學院。省教育廳現已分別通知參加講習人員，應隨帶證明文件及必備行李，一律於二月十一日上午八時起至下午五時止到會辦理報到手續，受訓期間由會供給膳宿，所需川旅費亦由該會核實……

自衛幹訓班 二月六日開訓

〔本報訊〕省[illegible]局舉辦之全省自衛幹部訓練班，定二月六日開訓，班址設於本市和平東路二段台北師範學校內，[illegible]期召訓各縣市自衛隊幹部百餘人，訓練時間定為兩星期，各學員定二月四日開始報到，二月五日編隊。

高港裝卸辦事處 港務局認仍需設立

〔本報訊〕交通處前據高雄市港口商業同業公會呈請，撤銷高雄港務局棧埠管理處所設立之裝卸辦事處，及取銷調派車輛辦法。當即令飭高雄港務局召集有關單位開會商討結果認為：（一）關於裝卸，聯合辦事處皆有關單……

圖十六：《公論報》，臺北，民國40年1月27日，第3版，
刊載辦好地方自治，必能發揚民主政治。

第四版　星期一

陳院長

劉院長夫婦

王院長寵惠

余部長

一板橋小學生冒雨遊行，請大家投票。

一選民冒雨等候投票。

禮多人不怪　吳三連醉了

謝謝大家愛護　逢人都肯乾杯

圖十七：《中央日報》，臺北，民國 40 年 1 月 15 日，第 4 版，刊載臺北市催票及開票情形。

圖十八：《臺灣省地方自治誌要》（台中市：臺灣省地方自治誌要編輯委員會，民國 54 年 11 月 12 日出版），介紹選民踴躍投票情形。

第一章 緒　　論

實施地方自治，落實民主憲政，一直是孫中山先生自清末民初以來，所不斷追求的目標。然，中華民國自民國建立以來，由於政局動盪不安，使得政治一直無法上軌道，民主政治的推展屢遭挫折，致使地方自治工作無法順利推行。民國 38 年，政府播遷臺灣，在地方社會人士的極力推動下，終能順利實施地方自治，並於 39 年 10 月起舉行第一屆縣市長選舉。

臺灣地方自治之推行，早在日治時期即已積極展開，如「臺灣議會設置請願運動」和「臺灣地方自治聯盟」的成立等，但都遭到日本當局的反對而無法順利展開。然日本總督府卻於民國 24 年（1935）允許臺灣同胞舉辦有限度的選舉，雖然此次的選舉與臺灣地方人士的要求有相當大的距離，不過透過這次的選舉，使得臺灣同胞有了選舉，以及參政的實際經驗。[1]

民國 34 年 10 月 25 日臺灣光復，重歸祖國懷抱，由於臺灣青年參與政治的意願一直很高，他們便認爲臺灣既已不是日本殖民地，遂要求政府允其在臺灣實施地方自治，而民間

1 薛化元：〈臺灣地方自治體制的歷史考察 — 以動員戡亂時期爲中心的探討〉，《威權體制的變遷：解嚴後的臺灣》，頁 200。

輿論或民意機關也一再呼籲政府及早在臺灣實施地方自治。特別是在憲法制定完成後，臺灣的政治精英均認爲實施地方自治，不僅在法理上有憲法作依據，在現實上臺灣教育普及、交通發達、戶籍完整，已經具備了實施自治的基本條件，[2]加以 36 年臺灣發生二二八事件後，國防部長白崇禧曾代表政府來台宣慰，即曾表示政府將盡速在臺灣實施縣市長選舉。但事後政府並未積極展開推動地方自治的準備工作。《公論報》在創刊的第二天，即以社論向行政院長張群呼籲，要求行政院能夠實現在臺灣實施縣市長民選的承諾，並認爲臺灣省在行憲國大代表選舉時的表現又較其他省份進步，具有提前實行自治的條件。[3]36 年 11 月，臺灣省所選出的國大代表林忠、謝挣強在國民大會中提案，「提請臺灣省首先依憲法第 10 章、第 11 章實行地方自治，以符民望」。[4]雖然地方人士一再呼籲，但均未能達成目的，主要原因在於實施地方自治的母法「省縣自治通則」未能完成立法手續，欠缺法律依據，所以無法實施。然，在民國 37 年 12 月省參議會舉行第 6 次大會時在其宣言中，仍繼續要求實施地方自治，並表示「省縣自治通則」在立法院未完成立法程序，深以爲憾，臺灣自治條件完備，政府儘可用其他方法，提前實施，勿貽良機，喪

2 社論：〈憲政與臺灣〉，《公論報》，臺北，民國 37 年 6 月 19 日，第 3 版。

3 社論：〈所望於張院長者〉，《公論報》，臺北，民國 36 年 10 月 26 日，第 2 版。

4 連震東：〈本省地方自治的期待與實施〉，《臺灣省地方自治研究專刊》，（臺北市，臺灣省地方自治研究會，民國 38 年），頁 154。轉引自薛化元，前引文，頁 174。

失民望，[5]38 年 6 月，省參議會第 7 次大會宣言中再次提到，地方自治為全省同胞最迫切的期望，本會再三建議而政府迄未施行，應慎重考慮。[6]此期間，省參議會議長黃朝琴曾兩度赴南京，請求在「省縣自治通則」未頒布前，提早在臺灣先施行地方自治，但均未被中央政府所接受。[7]

迨，民國 38 年 1 月，陳誠就任臺灣省政府主席後，省府乃開始積極規劃以行政命令為依據的地方自治，[8]並成立「臺灣省地方自治研究會」，陸續研議出「各縣市實施地方自治綱要」(以下簡稱地方自治綱要)、「各縣市議會組織章程」，以及「各縣市議員、縣市長選舉罷免規程」(以下簡稱縣市長選罷規程)，經行政院核准後公布實施。臺灣省第一屆縣市長之選舉，即是在此一規程下進行的。

依此選舉罷免規程，各縣市長由地方上之選民直接投票，選出自己心目中理想的「公僕」，[9]來為地方上的百姓服務。因此，選民均熱烈參與投票，而參與競選的候選人也相當多。

---

5 薛化元：〈臺灣地方自治體制的歷史考察 — 以動員戡亂時期為中心的探討〉，頁 175。

6 郭國基提案；見連震東：〈本省地方自治的期待與實施〉，頁 153-154。《臺灣省通志稿》，卷三，政事志行政篇，(臺北市：成文出版社重刊，民國 72 年)，頁 397。

7 鄭牧心：《臺灣議會政治 40 年》(臺北市：自立晚報出版，民國 76 年 10 月初版)，頁 145、146。

8 薛化元：〈臺灣地方自治體制的歷史考察 — 以動員戡亂時期為中心的探討〉，《威權體制的變遷：解嚴後的臺灣》，頁 175。

9 花蓮縣長候選人黃昭明在發表放棄競選聲明中說：今後縣市長，已不是過去的「民之父母」，而是今日的「民之公僕」，遵照民意去推行市民希望的政治。《公論報》，臺北，民國 40 年 3 月 14 日，第 5 版。

本書論術的重點，除了對此次的選舉過程加以敘述和說明外，並希望藉由此次的選舉，讓選民了解，地方自治的實施，除了有助於民主政治的早日實現，更有利於國家的健全發展。

此外，對所選出的縣市長，亦可依其出身、學經歷、年齡、教育程度、黨籍等，分別加以分析，以期能對這些縣市長有更深一層的認識與了解。

第二章　地方自治法規之制定與選務機關之成立

第一節　地方自治法規之制定

地方自治（Local Self-Government）就是由地方人民自己管理地方上的政事，或由地方人民選舉代表與官吏，管理地方的政事。[1]這是國父孫中山先生極爲重要的一項政治主張。他認爲「自治制度爲建設之礎石」（民國 5 年 7 月 17 日在上海尙賢堂對兩院議員演講）、「辦理地方自治是人民之責任」（民國 5 年 8 月 20 日在杭州省議會演講），以及「地方自治爲社會進步之基礎」（民國 5 年 8 月 24 日在寧波歡迎會演講）。[2]

中華民國憲法於民國 35 年 12 月 25 日制定完成，並經國民大會三讀通過。在憲法第 10 章「中央與地方之權限」以及

1 郎裕憲：〈地方自治與民主政治〉，《臺灣省的政治建設 — 實施地方自治三十年》（南投市：臺灣省政府民政廳第二科發行，民國 69 年 4 月出版），頁 44。

2 《國父全集》，第二冊（臺北市：中國國民黨中央委員會黨史委員會編訂，民國 77 年 3 月 1 日再版），頁 353、365、367。

第 11 章「地方制度」中，均對地方自治有具體明確之規定，是以實行地方自治遂成爲憲法所賦予的權利。

但要實施地方自治，首先要有法源依據，亦即應以「省縣自治通則」與「省縣自治法」爲準繩。因此，當中華民國憲法於民國 35 年 12 月 25 日制定完成，並經國民大會三讀通過後，國民政府隨即著手憲政自治通則之擬定，並於 37 年 6 月 5 日由行政院將「省縣自治通則草案」函送立法院審議。不意，中共竟在政府行憲未久，即行全面叛變，致使審議「省縣自治通則草案」的工作遭致延宕。

迨政府遷台不久，蔣中正先生就立意將臺灣建設成爲三民主義的模範省，並分期實施地方自治，[3]並謂：「革命的最終目的是在實行三民主義，但要想三民主義實行，必須推行地方自治」。[4]由於「省縣自治通則草案」一直懸宕未決，使得政府辦理地方自治失所憑藉。

民國 38 年 1 月，甫任臺灣省政府主席之陳誠即揭櫫「人民至上，民生第一」的施政原則，所謂「民生第一」則是以「三七五」減租肇其始，所謂「人民至上」，殆將以提前實施縣市自治爲實踐焉。[5]因此，臺灣省政府爲求提前實施縣市地方自治，以期符合行憲後「還政於民」的政策，乃採納省參

---

3 蔣中正：〈本黨應建立自立自強群策群力的新精神〉，《蔣總統集》，第二冊（臺北市：國防研究院出版，蔣總統集編輯委員會編輯，民國 52 年 10 月 31 日臺增訂本初版），頁 1749。

4 蔣中正於民國 29 年講「推行地方自治的基本要務」，見《見蔣總統集》，第 1 冊（臺北市：國防研究院出版，蔣總統集編輯委員會編輯，民國 52 年 10 月 31 日臺增訂本初版），頁 1266-1267。

5 《臺灣省地方自治研究會專刊》（臺北市：臺灣省地方自治研究會，民國 38 年 12 月 20 日），頁 1-2。

議會的建議，由民政廳草擬「臺灣省自治研究會組織規程草案」，於 38 年 1 月 21 日第 83 次省府委員會議中提出討論，並「修正通過」。此草案內容規定設委員 29 人，均由省政府聘請，並以委員中之一人爲主任委員。

省政府乃依此規定聘請專家學者及對於地方自治富有研究且深入了解地方狀況之人士 29 人爲研究會委員，並設立「臺灣省地方自治研究會」從事研究。其委員包括連震東、薩孟武、萬仲文、張國燾、王開化、方揚、阮毅成、李友邦、黃聯登、韓石泉、劉闊才、林世南、吳鴻森、林忠、陳油、林端巖、戴明福、林利生、黃見亨、陳春金、顏滄海、鄭昌英、鍾家成、杜錫圭、劉瑞琬、王開運、何景寮、張吉甫、張厲生等 29 人。陳誠聘請曾任內政部長，時任行政院副院長之張厲生擔任主任委員。嗣以萬仲文、張國燾、林端巖、鍾家成 4 位委員未曾到會，乃改聘林彬、楊大乾、林金鐘、李茂松爲委員。[6]

其後，「臺灣省地方自治研究會」乃於該年之 8 月 15 日正式成立，專門負責收集有關地方自治資料，調查有關地方自治實際問題，以及研究有關地方自治規章辦法等事宜。[7]該會成立後，每半個月舉行會議一次，至同年 12 月 19 日結束，歷時 4 個月零 6 天的時間，共計舉行會議 10 次。在此 10 次會議期中，共開大會 25 次，審查會 8 次，座談會 3 次，研擬

6 《臺灣省實施地方自治紀要》（南投市：臺灣省政府民政廳編印，民國 40 年 12 月初版），頁 8。
7 周繼祥：《地方自治之研究》（臺北市：文笙書局，民國 77 年 5 月 14 日出版），頁 28。

完成「臺灣省各縣市實施地方自治綱要草案」,「臺灣省調整行政區域草案」,「臺灣省縣市議會議員選舉罷免規程草案」三種，並將尚未研擬完成之「臺灣省各縣市縣市長選舉罷免規程草案」，一併送請省政府參考辦理。[8]

由於「地方自治綱要草案」關係本省各縣市地方自治之實施最爲深切，所以省政府委員會一再討論修正，最後將草案名稱修正爲「臺灣省各縣市實施地方自治綱要」，送經臺灣省參議會審議。39 年 3 月 4 日，提經省政府委員會第 139 次會議議決通過，呈奉行政院核准，於 4 月 22 日由省政府公布施行。[9]此「自治綱要」乃成爲在省縣自治通則公布前之過渡期間，以此作爲臺灣省各縣市地方自治實施之基本法規。舉凡縣市鄉鎮之地位、自治事項、自治組織、自治財政之分配、縣市各級立法及行政機關之職權及其相互關係，均有原則性之規定。[10]

至於「臺灣省各縣市議會議員選舉罷免規程」、「臺灣省各縣市議會組織規程」、「臺灣省各縣市縣市長選舉罷免規程」等，亦於該年之 4 月 21 日經行政院核准，於 4 月 25 日由省政府公布施行。[11]如此，地方自治法規之制定，乃初步完成。

8　《臺灣省實施地方自治紀要》（南投市：臺灣省政府民政廳編印，民國 40 年 12 月初版），頁 8。

9　同前註，頁 9。另，《臺灣省政府公報》39 年 4 月 24 日亦記載此一地方自治綱要是在 4 月 22 日公布的，見《臺灣省政府公報》，夏字第 20 期（南投市：臺灣省政府秘書處編輯發行，民國 39 年 4 月 24 日），頁 36-310。

10　呂實強、呂芳上等撰：《臺灣近代史》，政治篇（南投市：臺灣省文獻委員會出版，民國 84 年 6 月 30 日），頁 503。

11　此一命令於 4 月 25 日由臺灣省政府公布之，惟刊登於 4 月 26 日《臺灣省政府公報》，見《臺灣省政府公報》，夏字第 22 期（南投市：臺灣省政府秘書處編輯發行，民國 39 年 4 月 26 日），頁 338-343。

第二節　選務機關之成立與選務人員之確定

依「縣市長選罷規程」第2條之規定：縣市長之選舉，以省政府民政廳廳長為選舉監督。第3條:「縣市長選舉應於星期日或例假日舉行，其日期由選舉監督於選舉兩個月前公布之。」第4條:「縣市長選舉時，由選舉監督指派人員，就選舉縣市長之縣市，成立縣市長選舉事務所。」

由以上之所述可以得知，選舉監督係由民政廳長楊肇嘉擔任，負責督導各縣市之選務工作。各縣市若要辦理縣市長之選舉，必須在公告選舉日期前兩個月成立選舉事務所。是以辦理選舉，一定要設置選舉事務機關，以處理與選舉有關的各種行政業務，而且是依法辦理各種選舉業務的機關。[12]

由於各縣市選舉事務所的組織是採委員制，並設立選舉委員會議，為事務所之決策會議。[13]各縣市政府於成立選舉事務所後，並電請省民政廳指派選務所委員3人，以組織縣市長選舉委員會，並以縣市長為當然委員兼主席，其餘委員人選，有選舉監督遴選各該縣市公正人士，報請省府派充。

12 河暎愛：《臺灣省縣市長及縣市議員選舉制度之研究》（臺北市：國立臺灣大學政治學研究所博士論文，民國78年2月），頁103。

13 江繼五：《地方自治概要》（臺北市：大中國圖書公司，民國74年1月初版），頁209。

此外，各縣市選舉事務所置總幹事 1 人，由民政局科長兼任，承選舉委員會之命辦理選務，其下並設選舉、事務兩組。組置組長 1 人，由幹事兼任，組得分股，股置股長 1 人，由助理幹事兼任，其人員名額統由縣市政府視實際需要就現有職員調派兼任。[14]如此則各縣市之選務機關，其組織架構才算完備。由於各縣市參加選舉之期別不同，是以其選務機關成立之時間亦有所不同。如最早舉辦縣市長選舉的花蓮縣，選舉事務所於民國 39 年 8 月 12 日正式成立，由省府指派曹滙川、林永堅、劉福順 3 人充任選舉委員，並由曹滙川兼任主席，總幹事則由民政科長梁勁光兼任。[15]另，高雄縣縣長選舉事務所，於 40 年 1 月 23 日正式成立，省府派該縣縣長董中生爲委員兼主席，縣議會議長陳清文，該縣省參議員吳瑞泰爲委員，並依照規定由該縣民政局長宋伯元兼任總幹事，分設選舉、事務兩組，展開工作。[16]

除各縣市政府成立選舉事務所外，參與縣市長競選的各候選人，也分別成立自己的競選事務所。如台東縣長候選人陳振宗，即在該年之 8 月 23 日成立，助選人員在該競選總部準備各種標語、廣告牌等宣傳品，忙碌異常。[17]

現將各縣市選舉事務所委員兼主席、委員及總幹事之姓

---

14 《臺灣省實施地方自治紀要》（南投市：臺灣省政府民政廳編印，民國 40 年 12 月初版），頁 26、27。

15 〈花蓮縣長選舉事務所業於 12 日正式成立，曹滙川兼任選舉委員會主席〉，《公論報》，臺北，民國 39 年 8 月 13 日，第 3 版。

16 同註 14，頁 84。

17 〈台東的縣長候選人，陳振宗已辦理登記〉，《公論報》，臺北，民國 39 年 8 月 27 日，第 5 版。

名暨選務所成立日期列表於後以供參考。

表一：臺灣省各縣市選舉事務所成立一覽表

縣市別	委員兼主席	委　員	總幹事	選務所成立日期
臺北縣	項際科	戴德發 林宗慎	傅國棟	40.1.28
宜蘭縣	方家慧	甘阿炎 陳世叫	陳　璞	40.2.3
桃園縣	張　松	黃恭士 劉梓勝	蕭汝灼	40.1.28
新竹縣	劉燕夫	張式穀 楊　良	林炳章	40.1.28
苗栗縣	鄧仲演	陳愷悌 楊長城	徐懿德	40.1.28 40.5.5
臺中縣	馮世欣	林春木 楊天賦	胡育才	40.2.3
彰化縣	江繼五	賴維種 李君曜	張朝邦	40.2.3
南投縣	盧　明	蔡鐵龍 林崧雨	歐樹文	40.2.3
雲林縣	曾紀文	王吟貴 鄭沙棠	李學訓	40.2.10
嘉義縣	羅仲若	黃啓顯 王鐘麟	陳國喜	40.2.10
臺南縣	薛人仰	陳華宗 楊慶祥	王兆百	40.2.10
高雄縣	董中生	陳清文 吳瑞泰	宋伯元	40.1.22
屏東縣	何舉帆	林石城 陳文石	魏耀沌	40.1.22
臺東縣	羅　理	吳金玉 戴明福	胡嘉會	39.8.12
花蓮縣	曹滙川	林永樑 劉福順	梁勁光	39.8.12
澎湖縣	江繼五	吳爾聰 吳　南	劉楚楓	39.10.20
臺北市	項昌權	黃啓瑞 洪　檩	黃介騫	39.10.20
基隆市	高大經	葉松濤 張生塗	朱仲西	39.10.20
臺中市	陳宗熙	徐灶生 陳茂提	歐創金	39.10.20
臺南市	卓高煊	侯全成 劉明哲	陳篤光	39.10.20
高雄市	陳保泰	林仁和 陳啓川	吳深淼	40.1.22

資料來源：《臺灣省地方自治誌要》（臺中市：臺灣省地方自治誌要編輯委員會，民國 54 年 11 月 12 日出版），頁 409。
《臺灣選政①》（南投市：臺灣省政府民政廳編印，民國 59 年 6 月再版），頁 136、137。

除此之外，內政部在此次選舉中，特派專人至各縣市督導該地之選務工作，就以台中和台南兩市而言，此兩市均訂於 39 年 12 月 24 日舉行選舉，內政部乃派簡任秘書黃佑、編審鄧自謙前往台中市視導；並派簡任視察焦如橋、編審吳茂才前往台南市視導，並視察一般行政工作推行情形。[18]

另，臺北、新竹、桃園、苗栗四縣縣長選舉，以及高雄、屏東兩縣縣長第二次選舉，均訂 40 年 4 月 1 日舉行。除高雄、屏東兩縣仍由內政部派該部警政司長鄭澤光、科長張詩源分別繼續督導外，另派該部專門委員陳鯤前往臺北縣督導；簡任視察焦如橋前往桃園督導；科長張良珍前往新竹縣督導；編審鄧自謙前往苗栗縣視導，其他縣市之選舉亦復如此。[19]

由此可以看出，這些督導除了負責各縣市選務工作之進行外，並須關注相關業務。如，選舉區劃分情形、選民名冊之編造、如何指導文盲投票、候選人競選情形、政黨活動競選情形，以及對辦理選務人員之考核，[20]凡此種種都可以看出，政府對此次選舉非常慎重，實因此次選舉的成敗，將影響未來地方自治工作之推展。

18 〈爲派視察台南台中市長選舉辦理查照核由〉，《內政部檔案》，內政部藏，檔號：0039/B11417/4/0001/004。

19 〈貴省臺北新竹桃園苗栗四縣縣長選舉及高雄屏東縣第二次選舉均於 4 月 1 日舉行〉，《內政部檔案》，內政部藏，檔號：0039/B11417/4/0001/006。

20 同前註，檔號：0038/B11417/4/0001/006。

第三章　籌備工作之進行

第一節　行政區域的調整

地方自治區域，爲構成地方自治團體要素之一，更是實施地方自治的地理範圍，其區畫是否合理，攸關地方自治推行之成敗，故調整行政區域，使之合理化，乃是配合與輔導地方自治實施之一重要措施。[1]因此實施地方自治其區域範圍，究宜擴大抑或縮小，各有不同的看法。就政治的觀點言之，欲使人民能直接參與政治，發揮民主效能，則區域宜小。就經濟的觀點言之，欲使地方建設的財源有着，人民的負擔又不致增高，則區域宜大。[2]

臺灣省在日據時代，其行政區域曾有 9 次的變更，最後改爲是 5 州 3 廳、11 州廳轄市、51 郡、67 街、197 庄。光復後，爲了便於接管及政令的推行，臺灣省行政長官公署將原有的 5 州 3 廳畫分爲 8 縣 9 省轄市及 2 縣轄市。此 8 縣爲：

---

1 《民主憲政的理想與實踐》，政治建設篇（臺中市：臺灣省政府新聞處發行，民國 74 年 10 月 25 日出版），頁 46。

2 阮毅成：〈臺灣省實施地方自治的檢討〉，《「自由中國」── 地方自治與選舉》，選集①（臺北市：八十年代出版社出版發行，民國 69 年 9 月 1 日初版），頁 22。

臺北、新竹、台中、台南、高雄、台東、花蓮、澎湖。9 省轄市為：臺北、基隆、新竹、台中、彰化、嘉義、台南、高雄、屏東。縣轄市為宜蘭、花蓮兩市。

上項行政區域，係沿襲日據時期區畫，僅將名稱予以更易，而未作縣市轄境之改變。因此，為了能夠順利推行地方自治，勢必要將面積大小不一，人口分布不均，經濟力薄弱，財政困難之縣市予以調整。[3]

臺灣省政府有鑑於此，乃於 36 年 6 月，省政府委員會第 3 次會議時，即有改正本省地方行政區域案的提出，經審查後，於第 23 次會議議決，以「本案牽涉甚多，影響重大，再行研討，暫維現狀」。[4]

迨，民國 38 年，臺灣省積極推行地方自治，於年度施政計畫大綱中將「調整行政區域」一項列入，省府民政廳乃根據這項規定，擬具臺灣省各縣市行政區域調整方案，報經省府轉送臺灣省地方自治研究委員會研討修正，復經省參議會審議後，將省府民政廳所訂及自治研究會、省參議會修正之三案一併呈行政院核示。行政院為尊重本省最高民意機關之意見，於 145 次政務會議修正後定案，並飭由臺灣省政府於 39 年 9 月 8 日將臺灣省各縣市行政區域調整方案公布施行，其內容要點如下：[5]

---

3 屏東、彰化、新竹、嘉義四個市，經濟力薄弱，人口不多，財政不能獨立，勉強維持，徒增市民負擔。見《臺灣省實施地方自治紀要》，頁 5。

4 《臺灣省實施地方自治紀要》（南投市：臺灣省政府民政廳編印，民國 40 年 12 月初版），頁 6。

5 《臺灣省地方自治誌要》（台中市：臺灣省地方自治誌要編輯委員會，民國 54 年 11 月 12 日出版），頁 215。

（一）原臺北縣分為臺北、宜蘭兩縣。
（二）原新竹縣合原新竹市分為桃園、新竹、苗栗三縣。
（三）原台中縣合原彰化市分為彰化、台中、南投三縣。
（四）原台南縣合原嘉義市分為台南、嘉義、雲林三縣。
（五）原高雄縣合原屏東市分為高雄、屏東兩縣。
（六）花蓮、台東、澎湖三縣及臺北、基隆、台中、台南、高雄五省轄市行政區域暨陽明山管理局管轄區域均仍照舊。

民國 39 年 9 月本省行政區域調整後，計 16 縣 5 省轄市、1 管理局、6 縣轄市、234 鄉、78 鎮。16 縣爲臺北、宜蘭、桃園、新竹、苗栗、台中、彰化、南投、雲林、嘉義、台南、高雄、屏東、台東、花蓮、澎湖；5 省轄市爲臺北、基隆、台中、台南、高雄；另設陽明山管理局。至於所調整後之新縣市政府，均於 39 年 10 月 25 日以前次第成立。

第二節　分期實施選舉

本省光復初期，縣市長均由政府任命，至民國 39 年各縣市實施地方自治後，依照「臺灣省各縣市實施地方自治綱要」第 20 條規定：「縣市設縣市政府，置縣市長一人，由縣市公民選舉之」。臺灣省各縣市縣市長，自 39 年 4 月實施地方自治之後，即改爲民選。每屆縣市長任期爲 3 年，連選得連任，但以一次爲限。當時臺灣全省劃分爲 16 縣、5 省轄市、1 管理局，是以臺灣省應選出 21 位縣市長。臺灣省各縣市第一屆縣市長選舉，於 39 年 8 月，繼各縣市議會議員選舉之後，即分期開始辦理。[6]原定計畫是將 21 縣市劃分為 6 期辦理，嗣因原列為第 5 期之台中、南投兩縣，因辦理程序錯誤，重行公告投票選舉，改列為第 7 期。又原列為第 4 期之苗栗縣，因縣長當選人劉定國經法院判決當選無效，重新辦理選舉，改列為第 8 期，故全省 21 縣市計分 8 期辦理選舉，現列表於後，以供參考。

表二：第一屆縣市長選舉分期進度表

期別	縣市別	選舉起訖日期	備　考
第一期	花蓮縣 台東縣	39 年 8 月 12 日起至 10 月 22 日止 同上	
第二期	臺中市 臺南市 基隆市 澎湖縣 臺北市	39 年 10 月 20 日起至 40 年 1 月 7 日止 同上 同上 同上 39 年 10 月 20 日起至 40 年 1 月 14 日止	
第三期	屏東縣 高雄縣 高雄市	40 年 1 月 22 日起至 4 月 1 日止 同上 40 年 1 月 22 日起至 3 月 15 日止	
第四期	臺北縣 桃園縣 新竹縣	40 年 1 月 28 日起至 4 月 8 日止 同上 40 年 1 月 28 日起至 4 月 1 日止	
第五期	彰化縣 宜蘭縣	40 年 2 月 3 日起至 4 月 8 日止 40 年 2 月 3 日起至 4 月 22 日止	

6 「臺灣省各縣市實施地方自治綱要」，業經 39 年 4 月 5 日行政院政務會議修正通過。決議公文如下：（一）照內政、財政兩部修正意見通過，飭臺灣省政府本分期分區原則，審慎試辦，並咨送立法院查照。（二）……，見〈臺省地方自治綱要，行政院修正通過〉，《臺灣新生報》，臺北，民國 39 年 4 月 6 日，（二）。

第六期	臺南縣 雲林縣 嘉義縣	40 年 2 月 10 日起至 4 月 15 日止 同上 40 年 2 月 10 日起至 4 月 22 日止	
第七期	臺中縣 南投縣	40 年 3 月 5 日起至 5 月 13 日止 同上	本期兩縣原列第五期，因辦理程序錯誤，故重行公告投票日期。
第八期	苗栗縣	40 年 5 月 5 日起至 7 月 29 日止	本期原列第四期，因當選縣長經高等法院判決當選無效，故重行辦理選舉。

資料來源：《臺灣省實施地方自治紀要》，（南投市：臺灣省政府民政廳編印，民國 40 年 12 月初版），頁 26。

第三節　選舉人與候選人資格之規定

民國 34 年 10 月 25 日臺灣光復後，政府在臺灣曾舉辦過多次的選舉，不論是間接式的或直接式的選舉，都曾舉辦過。其中由選民直接行使投票權參與投票的有 36 年 11 月和 37 年 1 月所舉行的第 1 屆行憲國大代表和立法委員的選舉，以及 39 年 7 月至 40 年 1 月各縣市議員的選舉。因此，就選舉投票而言，臺灣選民均有多次的投票經驗。而此次縣市長的選舉，復在縣市議員選舉之後舉辦，對一般選民而言，可謂駕輕就熟。

此次縣市長之選舉，由於係採直接選舉方式行使投票權，自然對選民和候選人的資格有所規範，現乃分別加以說明之。

A、就選舉人資格之規定而言

此次縣市長之選舉，對選民投票資格，究有何種規定，在「縣市長選罷規程」第二章：選舉人與候選人此章中之第 5、6 兩條，對候選人之資格有較明確的規定，但對選舉人並無任何條文規定。倒是在「各縣市實施地方自治綱要」中，對「公民」一詞有較明確的解釋。如，第 9 條：「居民在一定區域內連續居住 6 個月以上或有住所達 1 年以上，年滿 20 歲而無左列情事之一者爲公民。

（1）犯刑法內亂外患罪經判決確定者；

（2）褫奪公權尙未復權者；

（3）受禁治產之宣告尙未撤銷者」。

第 10 條復規定：「公民依法有選舉、罷免、創制，及複決之權；但於同一事由不得在兩地行使」。

由此兩條之條文內容可以看出，居民年滿 20 歲，在各該行政區域內繼續居住 6 個月以上，或在其本籍並無犯有任何第 9 條所規定之情事之一者，即爲當地之公民。具公民身份者，依法有選舉、罷免、創制、複決之權。而此公民在選舉時即是所謂的選舉人。是以，此兩條文之規定，可以說就是針對選舉人所訂定之規定。

B、就候選人資格之規定而言

前曾言及，在「縣市長選罷規程」中第 5、6 條兩條對候選人之資格有明確之規定，其第 5 條之規定爲：「各縣市公民均有選舉權，年滿 30 歲之公民，經該縣市公民 3 千人以上之簽署推選，得爲縣市長候選人」。第 6 條：「左列人員停止其被選舉權：一爲辦理選舉事務人員；二爲現任軍人和警察」。

由以上之所述可以看出，臺灣省政府爲及早實施地方自治，對有意參選縣市長之候選人，其所訂定條件限制甚爲寬鬆，和之前所舉辦的縣市議員選舉一樣，既無學歷、財產上之要求，又無性別上的限制，凡有意參選之公民，只要符合此兩條之規定者，均可提出申請，登記成爲候選人。

此外，由第 5 條之規定亦可看出，不論是任何人參加競選，都得先繳交 3 千人以上之簽署書，方可成爲縣市長候選人。此項規定，乃是基於候選人必須要有基本的民意基礎才可，是以各候選人在登記參選時，都會附上 3 千人以上的簽署書，而選務單位也都會對此份簽署書一一予以審核。

以上之所論係針對選舉人和候選人之資格而言，由於本次縣市長選舉是臺灣光復後，爲實施地方自治所舉辦的選舉，因此有意參選的人非常的多。就在政府宣布開始登記起，各縣市有意參選的地方人士紛紛前往登記，情況相當踴躍。甚至尙有部分現任縣市長也有意參與選舉。如，台東縣縣長黃式鴻即有意參選，當時該縣許多選民和縣議會也都肯定他在任內之表現，極力推薦他參選，而報紙對此事亦有所報導，「現任縣長黃式鴻，主政三年，民情孚洽，成績卓著，縣民多欲推薦參加此次縣長競選」。[7]然而吳主席爲此事亦曾發表談話，表示不願現任縣市長參加競選，[8]且依「縣市長選罷規程」第 35 條之規定：「本省實施第一次縣市長選舉時，現任本轄縣市長區域內之縣市長如參加競選，應在選舉二個月前

7 〈黃式鴻輿情孚洽，台東縣議會電呈吳主席，准許現任縣長參加競選〉，《公論報》，臺北，民國 39 年 8 月 13 日，第 3 版。
8 同前註。

辭職」。意即黃式鴻欲參加此次縣市長選舉，勢必先行辭去縣長之職務。

8月12日下午記者特以此問題再次向省府吳主席徵詢意見，渠之答覆仍謂：「此次本省實施縣市地方自治，政府爲避免人民誤會有任何操縱行爲，並表現超然態度起見，所以規定各現任官員一律不得參加縣市長選舉。台東縣長黃式鴻，做人做事都很不錯，亦爲本人所深知，但現爲尊重政府原意，本人仍不贊同黃縣長參加競選，……本人上次往台東巡視時，曾面勸黃縣長放棄競選，其個人已表示接受」。[9]

由以上之所述可以得知，吳主席確實是不贊同黃縣長帶職參選。各縣市長若有意參加競選，就必須在投票前兩個月先行辭職，否得不得參加競選。其後，台東縣長黃式鴻、台中縣長于國楨、臺北市長吳三連、彰化縣長陳錫卿、基隆市長謝貫一、澎湖縣長李玉林等人都遵照選舉法規之規定先後辭去縣市長職務，並重新登記參選。其中最令人感到意外的是臺北市長吳三連，原本不欲參加競選，且無任何參選動作。但卻沒想到，吳市長竟在截止報名前一天，突然宣布辭職，並宣布參加市長選舉。[10]此一突如其來的舉動，著實讓許多人感到驚訝。

總之，第一屆縣市長之選舉，全省申請登記爲候選人，並經審核合格公告者計有106人，嗣中途放棄競選者16人，

---

9 〈現任縣長參加競選，吳主席表示不贊同〉，《公論報》，臺北，民國39年8月13日，第4版。

10 〈吳三連昨突然辭職，正式參加市長競選，市長遺缺由項昌權代理〉，《公論報》，臺北，民國39年11月15日，第6版。

實際參加競選者 90 人。[11]其中男性候選人 89 人，女性候選人 1 人，現將這些候選人姓名，依其縣市別列表於後，以供參考。

表三：第一屆各縣市縣市長候選人一覽表

縣市別	候 選 人 姓 名	人數（人）	備註
臺北縣	梅達夫 廖富本 林兩端 林燕清	4	
宜蘭縣	陳旺全 盧纘祥	2	
桃園縣	徐　言 魏肇潤 黃宗寬 徐崇德 黃又安 陳阿頭	6	
新竹縣	朱盛淇 古　侃 王繼呂 解慶文	4	
苗栗縣	黃發盛 李白濱 張子斌 賴順生 黃焜發 楊日恩 邱克修	7	
台中縣	陳水潭 蔡卯生 林鶴年 陳振順 呂大椿	5	
彰化縣	陳萬福 黃漢樹 于國禎 陳錫卿	4	
南投縣	陳如商 廖啓川 洪金園 李國楨	4	
雲林縣	吳景徽 廖昆金	2	
嘉義縣	李茂松 林金生 張許世賢	3	
台南縣	高景德 高文瑞 蔡愛仁	3	
高雄縣	余登發 洪榮華 陳新安 吳崇雄	4	
屏東縣	陳朝景 孔德興 林嘯鯤 張山鐘 洪石柱 杜德三	6	
台東縣	陳振宗 黃式鴻 張慶萱 鍾生鑑 周仲興 黃　忠 林作梅	7	
花蓮縣	李　羣 陳阿明 楊仲鯨 周坤祺 林茂盛 謝琳淼	6	
澎湖縣	李玉林 歐老萊	2	
臺北市	莊琮耀 林紫貴 郭伯儀 鄭來春 吳三連 蘇金塗 高玉樹	7	
基隆市	林番王 陳炳煌 謝貫一	3	
臺中市	廖朝舟 楊基先 林金標	3	

11 《臺灣選政①》（南投市：臺灣省政府民政廳編印，民國 59 年 6 月再版），頁 134。

台南市	劉子祥 吳國信 葉廷珪 邱鴻恩 黃百祿	5	
高雄市	謝掙強 林 斌 李源棧	3	
總 計		90	

資料來源：同表一，《臺灣省地方自治誌要》，頁 409、410。
《臺灣選政①》，頁 134、135。

第四章　選務工作之展開

第一節　對選務人員之規範

這次縣市長的選舉是臺灣省光復以來，第一次所舉辦的縣市長選舉。

雖然在此之前，臺灣省政府曾辦過多次重要的選舉，如制憲、行憲國民大會代表的選舉，以及在選舉縣市長之前不久，才舉辦過的各縣市議員選舉等。因此，各級行政單位，在辦理選務工作的經驗上相當豐富。但各級行政首長對這次的選舉，仍甚爲重視，不敢掉以輕心。因爲這次的選舉，將直接影響到臺灣未來地方自治發展的成敗，所以上自省主席，下至各縣市長，都抱著謹慎小心的心理來辦理。

爲此，各級行政首長如省主席吳國楨和民政廳長楊肇嘉經常對所屬選務人員一再叮嚀，務必要遵守規則，認真辦理選務工作，並設法將過去曾發生過的選舉弊端一一革除。如39 年 5 月 12 日，民政廳舉辦「臺灣省地方自治人員選舉業務講習會」，民政廳長楊肇嘉以選舉監督的身份，對出席會議的各縣市民政局長、科長，以及派定負責選舉業務的人員，共五十餘名，有所訓示。除了對這些負責選務工作的同仁說明辦理地方自治的意義和重要性外，並認爲「現在世界政治的潮流分爲自由民主和獨裁集權，我們所實行的地方自治，是遵照國父遺教，『天下爲公』，也是本著世界上民主政治的潮流而尊重民意的」。[1]關於選舉，楊肇嘉也語重心長的說：「我希望無論被選舉人或選舉人，都要拿出人格、良心，來推行真正民主的選舉，政府爲了防止舞弊起見，訂定妨害選舉取締法規，要有公正不偏的精神，壓制野心家的威望，使真正的人才出頭，爲人民謀福利，否則人民必活受痛苦，希望臺灣省地方自治的結果，所表現的成績，能爲實行全國地方自治的楷模」。[2]

楊氏講畢，接著由吳國楨主席即席致詞曰：「……三民主義的政治就是民主的政治，民主政治是由下而上，先由地方自治，而縣（市）、而省、而中央政府，是以民權爲基礎的政治，我門實行地方自治是遵照國父遺教中的民權主義，和合乎近代世界上合理的民主政治潮流」。[3]此外，並對各學員指示辦理選舉所應持之態度爲：「臺灣省地方自治，若做得徹底，實爲中華民國民主政治的良好開端，就是絕不與任何惡勢力妥協，完成真實的選舉，爲中華民國民主政治寫下一頁光榮的歷史，各位將來在中國歷史上也有輝煌的功績，世代尊榮」。[4]最後吳主席慎重提示說：「民主政治就是麻煩的事，

1 〈推行地方自治方針，旨在表現自由民主，自治人員選舉業務講習開始，吳主席講爲什麼要推行自治〉，《自立晚報》，臺北，民國 39 年 5 月 12 日，第 2 版。
2 同前註。
3 同前註。
4 同前註。

人多口雜，意見不一，但是大家一致的大目標是相同的，希望好人出頭；民眾的意見是嚴正、坦白、光明的，各位不要以爲小的糾紛就認爲是自治的阻礙，希望各位負責樹立起爲全國模範的自治精神」。[5]

此外，亦有多位縣市長，對該縣之選務工作人員提出訓示，要求他們務必要盡忠職守，保持中立態度，使得本次選務工作能夠圓滿完成。如，花蓮縣即是如此，該縣之選舉事務所於 39 年 8 月 21 日上午在該縣中正堂舉行選務人員座談會，出席人員除該縣選舉事務所之委員兼主席曹匯川、委員劉福順、總幹事梁勁光外，尚有各市鄉鎮主辦選務人員二十餘人。曹匯川主席在致詞時首先報告開會之目的，並勗勉參與選務工作之人員，「要以大公無私的精神，來幫助大家達到選賢與能的目的，並希望這次選舉能順利完成」。[6]

至於在縣市長方面，亦有多位縣市長在選舉前時常勉勵選務人員要認真辦理選務工作，如，基隆市選舉委員兼主席高大經在市長選舉前夕，語重心長的勉勵選務人員，「務須遵照總統暨省主席一再訓示，及本人迭次指示，一切依法辦理，克盡厥職，尤應一秉至公，和藹誠懇，對於選民之自由意志，更應絕對尊重。如有暗中指使，偷看圈選或其他任何違法失職情事，一經查實，本人決以鋼之紀律，移付法律制裁，絕不縱容。此則爲本人之決心，願事前爲全體工作同仁明白奉

5 〈推行地方自治方針，旨在表現自由民主，自治人員選舉業務講習開始，吳主席講爲什麼要推行自治〉，《自立晚報》，臺北，民國 39 年 5 月 12 日，第 2 版。

6 〈花蓮縣長選舉事務所，座談選舉的技術問題，地方人士擁戴馬有岳出馬〉，《公論報》，臺北，民國 39 年 8 月 21 日，第 5 版。

告者」。[7]

就連遠在海外的離島澎湖縣也不例外，縣長江繼五在投票前夕，仍不放棄教育機會，召集所有選務工作同仁 27 人加以訓示，表示「此次各位同仁分赴離島工作，不畏艱難，此種對工作負責及苦幹精神，良深欣慰，續將投票所投票過程中各項法定手續，以及督導人應注意事項，一一詳加指示，最後並以極誠摯的語氣，勗勉各被派督導人員認清責任，堅定立場，負責守法，完成任務」。[8]

可見當時各縣市首長對此次選舉均甚看重，不敢稍有馬虎。澎湖縣江縣長甚至對選務人員特別強調，「俟任務完畢，將論功行賞，但若有辦事不力者，亦當執行法辦」。[9]

第二節　對選民之期許

此次縣市長選舉，各級行政首長對選民也常有所訓勉。爲避免重蹈以往選舉之覆轍，各級行政首長在多次演講或談話中，對選民都諄諄教誨，希望每位選民都能堅定立場，遵守法規，不要隨意受到他人之影響，而做出違法之事。

由於，此次縣市長之選舉，關係到未來地方自治的推展，

7 〈基隆市長選舉前夕，高大經發表談話，希望各候選人能依法競選，選民選賢與能承辦人盡職〉，《公論報》，臺北，民國 40 年 1 月 7 日，第 3 版。

8 〈澎湖今日同時投票選舉縣長〉，《公論報》，臺北，民國 40 年 1 月 7 日，第 5 版。

9 同前註。

自然是一件很重要的事。但在當時，仍有許多選民對地方自治的意義不甚了解，此時，各級行政首長自然要負起教化的責任。而地方政府也主動邀請吳主席或楊廳長到地方為選民演講，講述實施地方自治的意義和重要性。如，臺北市政府曾邀請吳主席前去演講，吳主席則以「地方自治的真諦」，[10] 以及「地方自治和選舉的要素」[11]為題，先後向臺北市選民作了兩場演講和分析，並認為「……要知道地方自治，就得先講自治，自治就是人民自己管理自己的事情，也就是民主主義的開始，……」，「地方自治最重要的一點，就是選舉自己議會議員，選舉縣市長，來辦理自己本身的事。民主政治的開始，就是縣、市、省、中央各管各人自己的事，選舉自己所要選的人，從這一點來看，地方自治實行以後的地方權力是很大的，……所以實行地方自治後的縣市和議會在不牴觸中央和省方的法令外，有立法、行政、財政等範圍內的決定權」，「要臺灣豎立一個真正模範民主的政府，奠定良好的選舉制度，所以以法治為基礎，政府絕不操縱，無干涉老百姓的選舉，亦決不准許任何人干涉選舉，省政府已經命令警察、公教人員各方面均不能干涉任何人的選舉，老百姓信仰誰，就選誰，政府有責任，自己不干涉操縱，也絕不准有人用勢力壓迫或用金錢引誘，如有違反，決嚴予取締，要老百姓真正表達出自己的意思，任何人都不得用手段辦理選舉」。

---

10 〈加強地方自治宣傳，本市將舉辦演講會，請吳主席等講自治真諦〉，《公論報》，臺北，民國 39 年 9 月 8 日，第 6 版。

11 〈地方自治和選舉的要素 — 吳主席昨晚向市民講〉，《公論報》，臺北，民國 39 年 9 月 20 日，第 6 版。

12

其次是多位縣市長對其轄區內之選民也多有所訓勉，如台東縣長羅里，在舉行民選縣長前夕，特撰擬「爲選舉縣長告全縣同胞書」一文，文中提到實施地方自治的重要性，認爲「……這次縣長選舉，不特爲本省自治的開始，且爲我國民治的創始，其關係自治成敗，影響全國風氣，較之議員選舉，尤爲重大，我們應抱定成功的決心，要做全國二千多縣的示範，所以我希望我親愛的全縣同胞，共體斯旨，憑著議員選舉的經驗，來完成這富有歷史性的重大使命」。[13]在選舉方面，羅縣長亦對全縣選民提出一些指示，「我所期望於全縣選民諸君的，第一須善用政權，克盡公民職責，既不可輕易放棄應享的選舉權利，更不可任意逃避應盡的選舉義務，務要踴躍參加這一次縣長選舉的投票，各本良知，選賢與能，切勿輕受誘惑，爲人要自作主張，自有認識，於投票前對選舉人詳加考察，然後表現自己的意志，投下神聖的一票。……故我門必須重視『慎始察先』的格言，對於縣長的選舉，必須乘著『人格本位』、『能力本位』、『服務精神本位』，來表現我們的自由意志，發揚我們的自治精神」。[14]

基隆市高大經市長除了對選務人員有所訓勉外，對選民亦提出一些要求，要求選民不要任意放棄自己的投票權利，並要善加利用此張選票。高市長說：「辦理地方自治，必循法

12 〈地方自治和選舉的要素 — 吳主席昨晚向市民講〉，《公論報》，臺北，民國39年9月20日，第6版。

13 〈台東舉行民選縣長前夕，羅里書告全縣同胞，慎使察先各本良知，選賢與能〉，《公論報》，臺北，民國39年10月5日，第5版。

14 同前註。

治常軌，故總統暨省主席均諄諄以守法相誡勉，……至於本市全體選民，尤應深切了解真實之地方自治得來不易。必須妥善運用，以冷靜之理智，抉擇賢能。絕對不放棄投票權利，絕對不受威脅利誘，更絕對不為任何挑撥離間所動搖。務使真能為人民服務之賢能候選人，順利當選」。[15]

第三節　對候選人之要求

各級行政長官除了對選務人員和選民有所提示外，對候選人更是耳提面命，要求他們要確實遵守選舉法規，不可逾越規矩。此外，台東縣長羅里除了對該縣縣長候選人有所指示外，對候選人之運動員也提出告示，要求他們在宣傳時不可太過狂熱，大肆攻訐其他候選人，也不可發售有刺激性的雜誌，並希望大家「確切遵守法令的規定，明白了解各位先生參加競選的真意，互相尊重其他競選人的人格，使這次縣長競選能真正成為君子之爭，能真正被譽為全國各縣選舉的模範」。[16]

由以上之所述可以得知，地方行政長官對這次地方自治的實施非常重視，除了祈盼候選人要遵守法令，從事合法的活動外，也要求選民在投票之前，擦亮自己的眼睛，認清候

---

15 〈基隆市長選舉前夕，高大經發表談話，希望各候選人能依法競選，選民選賢與能承辦人盡職〉，《公論報》，臺北，民國 40 年 1 月 7 日，第 3 版。

16 〈台東競選縣長白熱化，少數候選人越出軌，竟然攻擊毀謗他人〉，《公論報》，臺北，民國 39 年 10 月 6 日，第 5 版。

選人，多做理智的考慮，不要做地方自治的罪人。[17]

第四節 候選人發表政見

臺灣省政見發表會，分爲公辦政見發表會與私辦政見發表會兩種。政見發表會的競選活動爲選民知道候選人的第二個主要管道。[18]

政見發表會的舉辦，對候選人與選民兩邊都很重要，「候選人的政見」，一方面固然反映出部分選民的政治意願與需要，但也不免帶有說服選民，引發選民潛在的心理情感與認同的作用，藉以達到選民接納投票支持的競選目標。[19]

由這一段話可以看出，候選人利用政見發表會，將自己從政的理念，以及理想、抱負向選民作一明確的宣示，使選民對候選人的主張，有進一步的認識和了解，進而認同和接納。

由於政見發表對候選人有如此大的影響力，是以這次的縣市長選舉，許多候選人多附有政見說明。而這些候選人的政見內容，有的甚爲簡單，僅有 3、5 條，有的則內容豐富，多至 10 餘條之多。但冷靜分析這些候選人所提出的政見內容，可以看出有些候選人所提出的政見內容是爲配合地方上

---

17 〈陳市長盼候選人合法活動，要選民不做地方自治罪人〉，《中央日報》，臺北，民國 39 年 8 月 19 日，第 8 版。

18 中國論壇社編輯集體策劃、執筆，〈選民的投票行爲〉，《中國論壇半月刊》，第 13 卷，第 3 期（臺北市：民國 70 年 11 月 10 日），頁 34-38。

19 中央選舉委員會編印：《中日韓選舉法的比較》（臺北市：編者印行，民國 69 年 12 月出版），頁 95-96。

之建設而提出，候選人彼此之間雖然有所不同，但絕大多數觀點均大同小異，且多呼應當時的國策。如提出最多的就是「奉行三民主義」、「完成反共抗俄大業」、「貫徹三七五減租政策，提高農民生活」，以及「普及教育，提高文化水準」等。鮮有較突出，與眾不同的觀點。倒是高雄縣長候選人余登發，他所提出的從政基本方針和政見的要點，可說是較令人耳目一新，且別具創意。他的從政方針除遵奉國父遺教，服從總統領導，配合國策，反攻大陸外，還要從「管、教、養、衛」四大目標努力進行。在政見方面，特別強調要消除地域觀念，調和地方分歧。[20]這在當時「二二八」事件發生後不久，為消弭省籍之間的對立，而提出此一主張，確實令人感到溫馨。其另一與他人最大不同之點就是徹底推行保健制度，確保縣民身體健康，在當時也是相當吸引人的主張。

此外，高雄市長候選人謝掙強，在其政見內也提到要消除地域觀念，團結省內外同胞，溝通軍民情感與合作，以及尊重女權，提高婦女地位。[21]這也是與其他候選人不同之處，也是值得肯定的，至少可以獲得許多婦女界的票源。

發表政見，確實是打動選民，爭取票源的有利方式之一，所以候選人們無不卯足勁，在政見發表會上侃侃而談。遺憾的是有些候選人或其運動員（助選員），在政見發表會上，不談其政治抱負或施政理念，卻利用政見發表會上謾罵政府或其他候選人，造成人身攻擊。此種行為，除遭人厭惡外，亦

---

20 〈余登發政見〉，《公論報》，臺北，民國 40 年 3 月 18 日，第 5 版。
21 〈誰是理想的市長，高雄市市長候選人介紹〉，《公論報》，臺北，民國 40 年 3 月 8 日，第 5 版。

有失民主風度。

而此次縣市長選舉，不幸就發生此種事情。台東縣某候選人之運動員，在其自辦政見發表會上，不但破口大罵台東新聞界，沒有爲他的競選活動報導，甚且攻訐另一候選人黃式鴻，認爲他不適合當台東縣長。[22]這種影響對方使其不得當選的行爲，足以說明該候選人及其運動員民主素養之不足。

第五節　競選活動之進行

競選活動是候選人在選舉期間，爲爭取票源所使用的重要策略之一。候選人所以要舉辦競選活動，主要目的在於宣揚自己，提高知名度，加深自己在選民心目中的印象，進而贏得「當選」的最終目標。[23]因此每當政府舉辦各項選舉之時，正是各候選人最忙碌的時刻，各候選人爲達到勝選的目的，無不使出各種招數以取得選民的認同和好感。是故在競選期間，如何能打動選民，說服選民，將他神聖的一票投歸己方，這是候選人需要深思和用心的地方。

一般而言，這次縣市長候選人的競選方式，和以往行憲國大代表、縣市議員之選舉，沒有兩樣，只有少數幾位候選人，爲了出奇制勝，引人注目而使用較爲激情的手法外，其

22 〈台東某候選人運動員蔣源盛，舉辦助選演講，攻訐他人不適合當台東縣長〉，《公論報》，臺北，民國 39 年 10 月 15 日，第 5 版。
23 薄慶玖：〈由民國 66 年地方公職人員選舉檢討我國地方選舉制度〉，《國立政治大學學報》，第 39 期（臺北市：國立政治大學發行，民國 68 年 5 月出版），頁 89。

他均大致相同。如候選人最常使用的宣傳方式之一就是到處張貼「敬請惠賜一票」的標語，就連偏遠的山地，也可以看到此種宣傳品。[24]其次是製作大型廣告招牌，立於公共場所、醫院、市場、戲院、茶樓、酒家等地，或印製各種宣傳單，以及印有候選人姓名的名片等。[25]

此外有許多縣市，在投票前一日，由於競爭過於激烈，氣氛已呈現白熱化。因此，部分候選人，爲了抬高身價，彰顯氣勢，出動大規模的宣傳車隊，以助聲勢。如高雄市三位候選人中，以謝掙強、李源棧二人聲勢最爲浩大。由報紙上的記載，可以得知：「謝的宣傳車隊，擁有各式大卡車 40 多輛。而李源棧的宣傳車隊，除了大卡車 9 輛、腳踏車數十輛、三輪車百餘輛。車輛上均貼滿宣傳標語，車隊中並有中西樂隊。而李的宣傳車隊中，還有閩南歌劇團及獅子、龍燈等民間雜耍。所過之處，鑼鼓喧天，爆竹雷鳴，到處揚溢著一片萬事拜託之聲」。[26]而臺北市亦復如此，據報載在投票前一天 1 月 13 日，各候選人總共出動大小卡車約 60 輛之多，巡迴各街頭宣傳，市總工會吳三連助選團更動員數百輛三輪車，並用運貨卡車化裝巡迴宣傳。而「敬請惠賜一票」的聲音不斷的自各候選人的宣傳車上廣播器中傳出。真是熱鬧非凡，

---

24 〈花蓮縣民面臨考驗，選舉誰做縣長，候選人競選活動漸進入高潮，標語傳單花樣翻新到處飛舞〉，《公論報》，臺北，民國 39 年 10 月 7 日，第 5 版。

25 同前註。

26 〈高雄屏東三縣市，今舉行縣市長選舉，投票結果將在今晚明晨揭曉，誰能當選靜待人民冷靜抉擇〉，《公論報》，臺北，民國 40 年 3 月 25 日，第 3 版。

市長選舉事務所亦出動大卡車二輛巡迴各區勸導選民於 14 日踴躍投票。[27]

雖然有許多候選人利用大規模的宣傳車隊，到處宣傳造勢，但畢竟所費不訾，不是每位候選人都能負擔得起的，所以政府在競選之初，即一再要求候選人的競選經費不能超過一定的限額，免得選舉被少數富豪階級掌控，如此作法，就是爲了保障絕大多數選民的權益。[28]所以台中市在舉行第二次投票前，兩位候選人楊基先和林金標，均各自騎著腳踏車往訪地方人士，而捨大規模的宣傳車隊，如此作法，頗獲一般市民的好評，認爲這是世界上最守法的競選活動。[29]

至於候選人利用電台廣播演講或發表政見，也是各地候選人經常使用的宣傳方式之一。台中市候選人之一的林金標，在選情最激烈之時，更是別出心裁的印製「婦女之聲」宣傳單，由婦女們代爲廣播宣傳，希望藉此贏得婦女界的好感，進而投票支持。[30]而台南市候選人之一的吳國信，竟在政見發表會上用小刀割破手指頭，用鮮血寫了「盡忠國家，效忠市民」八個字的血書，來表達他參與競選的決心和熱忱。[31]另外，彰化縣候選人之一的陳錫卿，在競選過程中，爲了

---

27 〈臺北今選市長，競選活動昨達最高潮，出動競選車輛數百輛〉，《中華日報》，台南，民國 40 年 1 月 14 日，第 3 版。

28 〈社論 — 競選要嚴守法令的規定〉，《中央日報》，臺北，民國 39 年 8 月 28 日，第 2 版。

29 〈台中市長選舉，二次投票在即〉，《公論報》，臺北，民國 40 年 1 月 6 日，第 5 版。

30 〈地方自治繼續推展、台中台南第二次選舉市長〉，《公論報》，臺北，民國 40 年 1 月 6 日，第 3 版。

31 〈台南市長競選，一個驚人鏡頭 — 吳國信割指寫血書，表示效忠國家市民〉，《公論報》，臺北，民國 39 年 12 月 19 日，第 5 版。

出奇制勝，採用「耳語播」，[32]果然奏效，獲得農民的支持，而贏得勝選。因此，在一場選戰中，候選人若會使用宣傳手法，一句別出心裁的宣傳話語，或許就能打動選民的心，而爲候選人贏得一場勝利。

就在選戰進行得最激烈之時，竟有兩位候選人宣布退出競選，實令人感到十分訝異。一爲臺北縣的廖富本，在競選期間，因操勞過度，舊病復發，而體力不支，宣佈退選。[33]另一爲苗栗縣的李白濱，就在投票前一天，也因經濟因素，無法支付龐大的競選開支。另方面也因競選過度而感到精疲力盡，以及不願因選舉而傷害到好朋友賴順生，而宣布退選，並全力予以支持，致使賴順生高票當選。[34]

而臺北市長候選人高玉樹，競選活動一直持續到投票當天結束前 5 分鐘。由於過度疲勞，突感腹部激痛，經友人送至臺大醫院診治，診斷爲「急性盲腸炎」立刻送入手術室進行開刀割治，所幸手術情況一切良好。據報載，高氏於投票當天下午五時一刻即先行前往城中區第 8 投票所（中山堂）投下自己神聖的一票。[35]

---

32 陳錫卿把他的傳單貼在豬舍內，可防止豬隻「染上豬瘟」，由於當時選民知識水準較低，此一耳語果然奏效，農民爭相索取陳錫卿的傳單貼於自家豬舍牆壁上，成爲陳錫卿十分獨特的文宣手法。見江世凱：〈彰化縣歷屆縣長選舉軼聞〉，《臺灣文獻》，第 46 卷，第 2 期（台中市：臺灣省文獻委員會，民國 84 年 6 月 30 日出版），頁 36。

33 〈臺北縣長複選候選人，舊病復發體力不支，廖富本放棄競選〉，《公論報》，臺北，民國 40 年 4 月 6 日，第 3 版。

34 〈苗栗縣長選舉前夕，李白濱突放棄競選〉，《公論報》，臺北，民國 40 年 7 月 30 日，第 3 版。

35 〈高玉樹突患急性盲腸炎，開刀割治經過良好〉，《公論報》，臺北，民國 40 年 1 月 15 日，第 3 版。

總之，在整個競選活動期間，候選人均能恪遵選舉規則，並未有賄賂選民、設宴款待選務人員之不法情事發生。只有少數幾位候選人之運動員，為了向選民拜票，難免發生了一些衝突，進而暴力相向，這是唯一令人感到遺憾的地方，這些將在下一節中詳加論述，其他各縣市也都順利地完成了競選活動。

第六節　投票情形

經過長達數月激烈的競選活動之後，各縣市選民則在其規定的時間之內，投下其神聖的一票，以選出其心目中理想的縣市長人選。

由於此次縣市長之選舉，投票時間只有一天，從上午 7 時至下午 6 時止，隨即開票。因此，各縣市選務所均必須在一天之內完成投開票作業之工作。

此外，各縣市選舉事務所在選前均會提醒選民，在投票時所應注意事項。如花蓮縣選舉事務所，在選前即向選民公告投票日期、投票地點，及投票方法。特別是選民投票時，必須攜帶自己的身份證和圖章，到指定的投票所領取選票投票之。而且提醒選民，切勿圈選兩人以上，圈選後亦不可塗改等。最重要的是投票人應堅定自己的意志，勿受他人之歪曲宣傳或受人威逼利誘而投錯票，選錯人。如此，不但貽誤地方，且遺害國家。[36]

另外，依「縣市長選罷規程」第 17 條之規定：「縣市長之選舉，以有全縣市過半數公民之投票，得票超過投票人總數之過半數者爲當選，選舉結果無人當選時，應就得票較多之前二名候選人，於二十日內舉行第二次選舉，以得票較多者當選，票數相同時，以抽籤定之。」亦即第一次未能選出縣市長時，則必須舉行第二次選舉。所以爲避免選民棄權，將影響候選人的得票數，許多縣市政府在選前都設法宣導。如台東縣政府，在選前一再地向全縣選民宣導廣播，希望選民熱烈參與投票，尤盼助選運動員注意守法。而該縣選舉事務所並頒發「縣民選舉投票須知」，希望選民能確實注意遵守。並要求選民要光明正大的投票，表現良好的民主風度。[37]其他縣市，如基隆市政府亦派出廣播車隊整日巡迴街頭催促選民不要放棄選舉權。[38]新竹縣選舉事務所之宣傳卡車，整日行駛各地，向選民宣傳，請他（她）們趕快投票，行使其神聖之投票權。[39]而臺北市亦復如此，其投票日期定於民國 40 年 1 月 14 日，由於當天天氣嚴寒，且又細雨靡靡，市政府當局怕影響了選民投票情緒，而不願前去投票。爲此，市

---

36 〈花蓮縣長選舉事務所，勸告選民要堅定意志，勿投錯票選錯人，致貽誤地方〉，《公論報》，臺北，民國 39 年 9 月 11 日，第 5 版。

37 〈實施地方自治後的創舉，台東今日選舉縣長〉，《公論報》，臺北，民國 39 年 10 月 15 日，第 6 版。

38 〈基隆市長選票已結出，謝貫一獲過半數當選，余井塘部長等均親往視察，一般投票經過情形尚良好〉，《公論報》，臺北，民國 40 年 1 月 8 日，第 3 版。

39 〈臺北桃園新竹苗栗，順利完成縣長選舉〉，《公論報》，臺北，民國 40 年 4 月 2 日，第 3 版。

政府不得不要求各區里鄰長和憲警人員，分頭勸導市民出來投票，並珍視自己的選舉權。[40]

而高雄縣，選舉當天，縣選務所委員及縣監察小組人員全部出動，分六組巡視全縣各地投票所，縣長董中生及民政局長宋伯元則坐鎮縣府，指揮一切，並裁決臨時事項。[41]基隆市選舉情形，據報載，「1 千 4 百多個投開票管理員和監察員，於早晨 5 點 30 分即分乘 30 餘輛交通車出發，維持秩序的武裝憲警，亦紛紛出動，各自負起這一緊張的任務。……市長高大經於 8 時即赴各投票所巡視，對于投票處之佈置及人員工作態度等，均隨時予以糾正」。[42]澎湖縣縣長與選務工作人員亦是非常認真負責的辦理此次選舉。投票當天，全縣 58 個投票所同時開始投票，選舉事務所巡迴宣傳車於 6 時 30 分即已奔馳街頭，敦促選民投票，江繼五縣長及選舉監督代表魏發正暨監督小組尹主任一行於投票開始後五分鐘，亦驅車巡視各投票所，每至一所，即對選舉情形殷殷垂問，並作指示。[43]由這些報導，可以看出，地方縣市政府為了能夠順利地辦好此次的選務工作，無不全力以赴。

至於實際投票情形，在中央方面，據《中華日報》3 月

---

40 〈臺北順利完成投票，民選市長昨告產生〉，《公論報》，臺北，民國 40 年 1 月 15 日，第 3 版。

41 〈高屏兩縣選舉縣長，選民投票情緒頗佳〉，《公論報》，臺北，民國 40 年 3 月 28 日，第 5 版。

42 〈基隆市長選票已結出，謝貫一獲過半數當選，余井塘部長等均親往視察，一般投票經過情形尚良好〉，《公論報》，臺北，民國 40 年 1 月 8 日，第 3 版。

43 〈澎湖選舉縣長，選民踴躍投票〉，《公論報》，臺北，民國 40 年 1 月 8 日，第 3 版。

31 日中央社來電報導，「臺北縣一日選舉縣長時，蔣總統暨夫人將以臺北縣民身份親蒞士林鎮公所第 134 投票所投票」[44]，另有許多政府機關首長均紛紛冒雨前往各該地投票所投票。如，「司法院長王寵惠夫婦，上午 8 時許親到中山區第 4 投票所投票。總統府秘書長王世杰，亦住中山區，上午 10 時，王氏偕夫人到第 1 投票所投票。行政院長陳誠偕夫人陳譚祥，於上午 9 時由項昌權市長陪同至城中區第 1 投票所投票。陳氏見該所選民列隊踴躍投票情形，頗為讚許。省保安副司令彭孟緝，昨日上午 9 時親自陪其老太爺老太太等 8 人，乘吉普車到大安區投票所投票。居正、鄒魯夫婦，以及劉健群夫婦，先後於 9 時許前往大安區第 2 投票所投票。內政部長余井塘上午 8 時許於視察各區投票情形之前，到大安區第 2 投票所投票」[45]。而省府吳主席國楨夫婦於晨 9 時零 6 分，偕同其封翁吳經明暨太夫人吳朱企英，前往大安區第 6 投票所投票。省民政廳長兼選舉總監督楊肇嘉於 14 日上午 10 時，前往古亭區第 4 投票所投票。他算是臺北市的新市民，剛剛住滿六個月，不久前才取得投票權利。[46]而在地方上，一般選民投票情形則更形熱烈了，我們可由報紙上所刊登的消息，亦可略知一二。如，臺北市，「投票當天，雖然下著大雨，但各投票所前，均擠滿了一大堆婦孺老幼，大家都撐著雨傘，

44 〈臺北、新竹、桃園、苗栗今投票選縣長，總統將行使選權〉，《中華日報》，台南，民國 40 年 4 月 1 日，第 5 版。

45 〈政府首長冒雨投票，陳院長見選民踴躍投票表讚許，王寵惠居正等均親投神聖一票〉，《公論報》，臺北，民國 40 年 1 月 15 日，第 3 版。

46 〈吳主席一家 4 人親蒞大安區投票，楊肇嘉剛取得投票權〉，《公論報》，臺北，民國 40 年 1 月 15 日，第 3 版。

竭力的等候投票，情緒極爲動人」。[47]「基隆市議長黃樹水，於上午 10 時，陪同 81 歲高齡老父黃鄉齒，以及其夫人，與 2 子、2 媳、1 女、1 婿，全家 9 人，魚貫至第 2 信用合作社投票。本市籍的省府委員顏欽賢，及住居本市的立法委員苗啓平，亦於上午 8 時，分別在三民幼稚園投票所與七堵區公所投票所投票」。投票情形，上午較見零落，午後漸趨熱烈。[48]

其次是花蓮、台東兩縣，這是本次縣市長選舉，最早辦理選舉的兩個縣份。[49]報載花蓮投票情形：「投票選民，自晨至暮，絡繹不絕，老夫老婦，盲人瞎婆，亦均不放棄選權，由人攙扶前往……」。[50]台東投票情形更爲熱鬧：「選民們誰都不肯放棄他那選賢與能的選舉權，而投下他那最神聖的一票。在縣區裡，四面八方的選民，滙集在各個投票所前，主婦們背著小孩，提著菜籃，爭先投下她們那一票。在鄉下的

---

47 〈市長項昌權投票後，巡視各地指導選舉〉，《公論報》，臺北，民國 40 年 1 月 15 日，第 3 版。

48 〈基隆市長選票已結出，謝貫一獲過半數當選，余井塘部長等均親往視察，一般投票經過情形尚良好〉，《公論報》，臺北，民國 40 年 1 月 8 日，第 3 版。

49 選擇花蓮與台東兩縣首先試辦，則是因爲民風淳樸，人口少易統計，當年花蓮縣人口總數爲 17 萬人，僅 8 萬人滿 20 歲，且有投票權。見彭昱融：〈五千年來首場縣長選舉，民主第一道曙光在花蓮〉，《天下雜誌》，第 427 期（臺北市：天下雜誌，民國 98 年 7 月 29 日），頁 50。楊肇嘉在其回憶錄裡寫道：「以其地處本省東部，不致遭受外來影響，且縣下的選舉區有以往成案可資借鏡，勿庸重劃」，見楊肇嘉：〈臺灣實施地方自治〉，《楊肇嘉回憶錄》，（二）（臺北市：三民書局股份有限公司，民國 67 年 4 月 3 版），頁 381。

《更生報》上的投書則呼籲，「使偏鄉知識水準較低的選民，都明瞭地方選舉的意義，才有做全省模範的把握」。

50 〈台東花蓮民選縣長，昨日投票順利完成〉，《公論報》，臺北，民國 39 年 10 月 16 日，第 6 版。

田野間，成群結隊的選民，趕往投票所，有的扶著年老的父母，有的攜著年幼的子女，還有許多來自遙遠村落的選民，結合他們的家人戚友，趕著牛車奔向投票所去。在投票所前，都排列了好幾個一字長蛇陣，衣飾摩登的太太小姐，和古色古香穿著花花綠綠的高山健婦，相互映輝，……」。另，「卑南鄉第 4 投票所，有一位軍人要投票，可是只有符號，沒有身份證，被擋駕。又有一位軍人，他有身份證，但選舉人名冊上漏列他的大名，而他亦沒有申請更正，終於失去了他的神聖選舉權，抱恨而去，……」。[51]桃園縣，許多農民忙於插秧，但下午都前往投票。據報載，其投票情形如下：「本縣縣長選舉投票率平均約達 80%，並未因農忙而影響，下午 4 時許蘆竹鄉第一所的投票率已達九成，實足以證明縣民對於民選縣長之關心。其中有盲目的邱垂鳳和 84 高齡的許黃錢都不肯放棄神聖的公民權，由孩童扶著遠道趕來投票，……」。[52]

另，高雄市的投票情形，我們亦可由下列之報導可以得知當地選民投票的情形：「高雄市 12 萬 6 千 2 百 89 名選民，25 日上午 7 時，在全市 80 處投票所的一陣爆竹聲中，開始行使第 2 次公民投票權，選擇他們未來 3 年的公僕，……到晚上 6 時各投票所紛紛鳴炮結束時，據初步估計，全市投票率已接近八成。此外，特別令人興奮的是，在全日的投票過程中，不只到處風平浪靜，沒有絲毫糾紛發生，並且各處秩

51 〈台東人民選賢與能，踴躍投下神聖的一票，經過秩序良好未發生意外〉，《公論報》，臺北，民國 39 年 10 月 16 日，第 6 版。

52 〈桃園昨選舉縣長，農忙未影響投票〉，《臺灣新生報》，臺北，民國 40 年 4 月 2 日，（三）。

序之好，尤其出乎一般意料之外。此外，就是特別趕來參觀的省改委會主委倪文亞、美國芝加哥論壇報記者卜勃夫婦，對此情形也都稱讚不絕。而海軍總司令桂永清對高雄市長之選舉甚爲重視，海軍總部爲發動該軍區及其附近選民踴躍投票起見，特發動一百餘人的浩大陣容，來做聯絡接送廣播宣傳及隨車挨戶勸導等工作。桂永清總司令於上午 8 時許乘車巡視軍區內各投票所，桂氏對選民踴躍的投票情形及良好秩序極感滿意」。[53]

中國國民黨臺北縣改造委員會，爲擁護本黨提名之本縣縣長候選人梅達夫同志，特利用專用卡車，由改造委員會王裕生、第二組吳組長、宣傳組余組長、暨同志多人，及駐軍軍樂隊員等，於 31 日遊行板橋、新莊、三重鎮、、文山、新店、樹林、鶯歌、土城、三峽等地區宣導，懇請惠投梅達夫同志一票，民眾多予支持。[54]

此外，在投票過程中，鳳山鎮有一名叫楊寶玉的產婦，於投票當天，亦趕往天公廟投票，但依習俗，未滿月的產婦是不能夠進廟門的，投票所人員爲滿足她選舉的熱情，乃想出一變通辦法，請她在廟門之外圈選，這可說是高雄縣投票時所發生唯一的小插曲。[55]

以上之所述，乃是將各地投票情形略爲記載報導。尚有

---

53 〈高市、高縣、屏縣，昨選舉首長，投票秩序良好〉，《臺灣新生報》，臺北，民國 40 年 3 月 26 日，（三）。
54 〈北縣、新竹、桃園、苗栗，今日同時投票，選舉首任縣長〉，《臺灣新生報》，臺北，民國 40 年 4 月 1 日，（五）
55 〈高雄屏東選縣市長，選民順利完成投票〉，《公論報》，臺北，民國 40 年 3 月 26 日，第 3 版。

許多投票消息，限於篇幅，無法一一加以說明。而最難能可貴的是許多殘障人士以及年老體衰的長者，即使行動不便，亦設法趕來投票，絕不放棄，這種精神，真是令人感動。如，「嘉義縣新南鎮有選民陳張瑾年 79 歲，賴王惜（女）80 歲，新東鎮汪松山（男）79 歲，林倍（男）83 歲，柯炳輝之祖母柯黃泉 98 歲（女），……民雄鄉瞎子洪陶 65 歲，又新東鎮徐乃庚扶病到投票所投票，他們雖年齡高大，有的是瞎子，但均爭著去投下神聖的一票」。[56]又，台東縣馬蘭鄉，第 6 投票所前往投票的選民，十之七八都是高山同胞，一位南王村 83 歲的老婆婆陳阿香，眼睛已看不清楚，但還很健步，亦趕往投票，她不懂日語，亦不懂台語，由助理員以山地話問她後，她才在所欲選舉的候選人上，加上一圈，然後滿意而去。[57]基隆市有一 94 歲的老太太亦趕來投票，連身患痲痺的病人，也抬到投票所投票。[58]澎湖縣第 8 投票所，有一老邁之盲者亦前往投票，江縣長並扶至圈票處，面囑監察員指導投票。更難能可貴的是第 15 投票所，有殘障選民陳志心，手扶一雙枴杖，匍匐前往投票，爲狀殊令人感動。[59]另外，臺北縣板橋鎮有黃石里第二鄰 70 高嫗廖阿春親往排隊投票，三峽鎮亦有

---

56 〈嘉義選舉縣長，選民投票踴躍，七、八十歲的老年人也不後人〉，《公論報》，臺北，民國 40 年 4 月 17 日，第 5 版。

57 台東人民選賢與能，踴躍投下神聖一票，經過秩序良好，未發生意外〉，《公論報》，臺北，民國 39 年 10 月 16 日，第 6 版。

58 〈基市投票選民，達百分之八十以上〉，《公論報》，臺北，民國 40 年 1 月 8 日，第 3 版。

59 〈基隆市長選票已結出，謝貫一獲過半數當選，余井塘部長等均親往視察，一般投票經過情形尚良好〉，《公論報》，臺北，民國 40 年 1 月 8 日，第 3 版。

秀川里 12 鄰 90 高齡盲目老媪，由孫兒攙扶親往投票。渠等並向記者表示，此次能親手圈選民選縣長，實爲平生首次且屬最大光榮，衷心至感興奮。[60]

由這些報導，我們可以看出，這些選民都是希望政府能夠早日實施地方自治，爲民主政治奠定良好的基礎，即便是身患殘疾，或年邁老弱，行動不便，也要設法前往投票，絕不輕易放棄手上那神聖的選票。這種精神，真是值得敬佩。比起許多身心健康，受過高等教育，卻不重視投票權的知識份子，要高貴得多了。

此外，有部分文盲，因無法在選票上圈選候選人，各縣市政府爲解決此一問題，也都訂有指導文盲選民投票的辦法，並於各投票所設置文盲指導組，指導其投票，雲林縣長選舉事務所即訂有此一指導辦法。[61]

最後，仍值得一提的是，臺北縣縣長選舉事務所，爲鼓勵各鄉鎭村里辦理縣長選舉之選務人員努力工作，以提高選民投票率，特訂定「臺北縣各鄉鎭村里辦理縣長選舉工作競賽辦法」，凡該村里選民總數百分之九十以上，且其百分比率爲全縣第一名者，發給特優獎狀及獎金 500 元，其餘二、三名者亦有獎狀與獎金，[62]此不啻爲一激勵選務人員認真辦理選務工作的有效辦法。

---

60 〈北縣二十餘萬選民，踴躍投票選縣長〉，《臺灣新生報》，臺北，民國 40 年 4 月 2 日，（三）。

61 〈雲林縣選所特派員督導，指導文盲選民投票辦法訂定〉，《公論報》，臺北，民國 40 年 4 月 14 日，第 5 版。

62 〈臺北縣縣長選舉事務所鼓勵選民踴躍投票，訂定鄉里競賽辦法〉，《公論報》，臺北，民國 40 年 2 月 13 日，第 5 版。

總之，此次所舉辦的縣市長選舉，由於在各縣市政府積極鼓吹、宣導下，一般而論，選民投票情形尚稱踴躍，尤其是之前政府才舉辦過縣市議員的投票，選民都有了實際的投票經驗。而且選民也了解，地方自治爲民主政治的基礎，民主政治之實現，有賴地方自治的推行，而地方自治的推行，又有待於選舉的成功。[63]因此，投票率高，選舉辦理成功，地方自治工作自然也能辦得成功。

第七節　違法貪瀆與選舉糾紛

在這次選舉投票過程中，雖然各縣市選務所都能圓滿地完成任務，選出各自之首長。但，在整個選舉過程中，候選人仍不免發生違法、貪瀆、暴力和一些選舉糾紛的事件，使得原本令人稱讚的縣市長選舉，不禁對它打了些折扣。

首先就違法事件言之，選前臺灣省政府即早已訂定「妨害選舉辦法」，在第 5 條內明文規定，「候選人或運動員不可設宴請客，或以其他飲食供給選舉人，也不可以文字圖畫或口頭攻訐毀謗其他候選人」等相關規定。[64]但在此次選舉中，卻仍然發生此一不幸事件，即台東縣有一候選人其運動員利用各地召開村里民大會時，竟不擇手段的攻擊另一候選人黃

63 江繼五：《地方自治概要》（臺北市：大中國圖書公司，民國 74 年 1 月初版），頁 209。
64 〈競選人宴飲招待，決嚴以取締〉，《臺灣新生報》，臺北，民國 39 年 11 月 20 日，（六）。

式鴻（前任縣長），指責他過去在縣長任內政績不佳。並散發不實消息稱其已被控告，並遭到起訴。此外，又發現有其他候選人及運動員轉發有挑撥性的雜誌，大肆攻訐其他候選人，該雜誌竟因此而生意興隆，每期在台東銷售量竟高達數千份。[65]此種違反選舉規則，實令人感到遺憾，對候選人造成嚴重的傷害。縣選舉事務所發出代電，通知各候選人切實守法外，並請警察機關取締此一不法之行爲。

而在選舉舞弊案件方面，也發生數起不法之事，其一是發生在基隆市選區，即有一投票區之選民，至基隆市選舉事務所告發，曾有鄰里長帶同警察爲候選人活動，如此之行爲，違反了公務人員不得爲候選人助選的規定。其次是有數位年老不識字的選民至投票所投票，卻被投票所內之管理人員，將其選票私自拿走，自行代爲圈選後再投入票櫃，此類事件發生數次，引起選民之不滿，因而吵了起來。[66]這些選務人員不當之行爲，實屬舞弊行爲。選舉監察小組據報後，遂根據選民所提供的資料展開調查，但卻沒有任何下文。另一舞弊案件是台中市長當選人楊基先，據報載，他有賄選之嫌疑，違反了選舉法令，決定依法提起選舉訴訟，但最後也不了了之。[67]

至於貪瀆案件則發生兩起，無獨有偶的是，兩起案件的男主角都姓陳，且都是農會理事長。一是高雄、屏東兩縣之

---

65 〈台東競選縣長白熱化，少數候選人越出軌，竟然攻擊毀謗他人〉，《公論報》，臺北，民國 39 年 10 月 6 日，第 5 版。

66 〈基選所發生若干小糾紛，監察小組處理中〉，《公論報》，臺北，民國 40 年 1 月 8 日，第 3 版。

67 〈台中市長複選結果，楊基先得票較多，有關方面似有賄選嫌疑，決將依法提起選舉訴訟〉，《臺灣新生報》，臺北，民國 40 年 1 月 8 日，（一）。

農會理事長陳朝景；一是宜蘭縣三星鄉農會理事長陳旺全。陳朝景於擔任理事長時期，曾利用職權勾結不法商人，非法牟利，挪用公款，以作爲競選屏東縣長之資本。該農會負債達 70 餘萬元，財產虧損亦達百 40 萬元之巨，現已被高雄縣警察局刑警隊，會同高雄市警察局派員將其逮捕，並送高雄地檢處偵辦。[68]

至於陳旺全是宜蘭縣三星鄉農會理事長，亦是宜蘭縣縣長候選人，據報載：「最近 4 月以來，將該縣府貸與該鄉農會作爲增產蔬菜加工設備款拾萬元及三星鄉公所解存公共款 11,836.52 元，擅行移作他用，其用於蔬菜加工設備者僅 2,500 元，經省府派員調查屬實，於昨（14）日電令宜蘭縣政府，著即撤職查辦，並移送法院依法訊辦，至所遺三星鄉農會理事長一職，飭該會依法改選。」[69]此兩件貪瀆案，雖都屬個人行爲，但畢竟當事人都是縣長候選人，自然會對這次的選舉造成傷害。

而在此次選舉中，暴力事件的發生，較爲嚴重的僅有一案，即臺北市長候選人吳三連的運動員黃有得，遭暴徒砍傷。據外間傳聞，殺機與選舉有關。案發之後，警察局即派員四出偵查。據當時報載，此事已由警方查悉，兇手名叫高阿枝，年 19 歲，並由警方嚴密緝捕中。[70]

---

68 〈競選史上一大汙點，挪借巨額公款，競選屏東縣長，陳朝景事發被捕〉，《自立晚報》，臺北，民國 39 年 9 月 29 日，第 2 版。

69 〈宜蘭縣長候選人，陳旺全挪用公款，省府令撤職查辦〉，《臺灣新生報》，臺北，民國 40 年 4 月 15 日，（五）。

70 〈吳三連的運動員黃有得，被人毆打受傷〉，《中華日報》，台南，民國 40 年 1 月 15 日，第 3 版。

其他有關選舉糾紛的案件亦有好幾件，發生的原因多因競選太過激烈有關。如，台東縣長選舉於 39 年 10 月 22 日舉行第 2 次投票時，兩位候選人黃式鴻、陳振宗，競爭非常激烈，投票情緒也顯得較前次緊張。但不幸於當天上午仍發生兩件不愉快事件，一爲第 4 投票所因要求調換監察員，爭執不決，待縣長羅理趕到處理，方始投票，但已與原定投票時間延遲了半小時之久。二爲馬蘭鄉發生雙方的運動員互控對方有在 2 百公尺以內的禁地有活動的嫌疑，且發生鬥毆，雙方均被扭送縣政府，並以觸犯違警法，送警局處理。[71]除此之外，尙發生一件選務單位因作業疏失而與選民發生口角。即臺北市有一投票所，有很多選民於投票日當天，帶著身份證、圖章和戶籍簿到該投票所投票，才發現選舉名冊竟漏列這些選民的名字，致使選民無法投票，因此弄得投票所職員左右爲難，當場被選民痛罵一頓。[72]

以上所論述的，是在此次縣市長選舉時，所發生較不名譽的事，這在臺灣地方自治發展史上自然會留下一個污點。但相對的，對省民而言，也未嘗不是一次自省的最好機會，大家都應記取教訓，凡是處理任何事情都應謹愼小心，勿讓此類事件再次發生才是。

---

71 〈民選公僕第一聲，花蓮台東複選縣長，楊仲鯨、陳振東當選〉，《臺灣新生報》，臺北，民國 39 年 10 月 23 日，（五）。

72 〈戶籍搞不好，選民有煩言〉，《公論報》，臺北，民國 40 年 1 月 15 日，第 3 版。

第八節　開票結果

經過激烈的選戰之後，各縣市之選務機關，也都在當天下午 6 時選舉結束後，開始展開計票工作。

本屆縣市長選舉，全省選民共有 3,453,916 人，參加第一次投票之選民全省共有 2,617,090 人，投票率為 75.77%。參加第二次投票之選民，13 縣市合計有 1,652,584 人，投票率為 80.87%。

依「縣市長選罷規程」第 17 條之規定，第一次選舉未能選出縣市長時，必須在 20 日內舉行第 2 次投票。而在此次縣市長選舉中，全省 21 縣市，一次投票完成選舉的，計有新竹、彰化、雲林、台南、澎湖等 5 縣，以及臺北、基隆、高雄三市。其餘 13 縣市除苗栗縣外，均在第 2 次投票後選出縣市長。

就以臺北市而論，該市投票率並不高，只有 55.59%，主要原因前已論及是受天候的影響。據報載，投票當天，天氣寒冷，細雨霏霏，影響了選民投票情緒。雖然有 7 位候選人，吳三連仍能獲得半數以上的選票，此乃因其他幾位候選人的得票數並不多，所有的票幾乎都集中在吳三連一人身上。經統計結果，吳三連得票數為 92,061 票，高玉樹：28,075 票，莊琮耀：12,348 票，郭伯儀：3,901 票，鄭春來：984 票，蘇金塗：726 票，林紫貴：2,223 票。整個選民人數是 257,849 人，投票總數為 143,463 票，有效票數為 140,437 張，廢票

3,026 票。[73]

基隆市則於 40 年 1 月 7 日選舉首任民選市長，前任市長謝貫一獲得多數票當選，共得 34,905 票。陳炳煌：17,658 票，林番王：8,167 票，廢票 2,048 票。基隆市 15 萬人民中，選民共有 73,163 人，投票者 62,778 人，投票率佔 85,68%，[74]已算相當高了。投票率高之主要原因是 7 日投票當天，艷陽普照，是該市雨期中最難得的好天氣。[75]所以市民的投票情況非常踴躍。

屏東縣長之選舉，雖然候選人之一的張山鐘，在地方上頗有聲望，且獲得票數也不少，但仍未過投票總數半數以上，依法不能當選，只有在第 2 次投票時才獲得當選。而張山鐘未能在第一次投票時獲得當選，據該縣當時縣長何舉帆的分析，其原因有二：

> 一為競選人數過多，選舉未免仍存地域觀念，每一候選人均有他固定的地盤，要把握過半數選票，殊非易事。
>
> 二為投票率不見良好，會影響當選可能性。[76]

此句話，真可謂一針見血，其他縣市亦復如此，未能在第一次選舉時選出縣市長，其根本原因也多是因爲參選人數

73 〈臺北市選舉結果，吳三連當選市長〉，《中華日報》，台南，民國 40 年 1 月 15 日，第 3 版。

74 〈三縣市長選舉結果，台中市楊基先、基隆市謝貫一〉，《中華日報》，台南，民國 40 年 1 月 8 日，第 4 版。

75 〈基市投票選民；達百分之八十以上〉，《公論報》，臺北，民國 40 年 1 月 8 日，第 3 版。

76 〈屏東縣長未能一次選出，何舉帆指出兩種原因〉，《中華日報》，台南，民國 40 年 3 月 27 日，第 5 版。

太多，票源分散，以及投票率不高等原因所造成。而南投縣亦復如此，南投縣長之選舉定於 5 月 6 日，選前即有人分析，首任民選縣長，將不能一次選出，原因是「4 位候選人的競選活動均極激烈，每人皆把握住一部分基本選票，此項基本選票，四個人合起來，可能恰爲全縣 13 萬 4 千選民之半數。另外之半數上處於游離狀態中，可稱之爲各候選人的『機會票』。此次能否當選，全看對『機會票』之把握程度。因之四候選人對這一點，決不會稍予放鬆，最後一日的爭奪戰，將更形激烈。而愈激烈，選票愈分散，愈不能集中一人。以此推測，四人中獲得最高票者，亦不能超過五萬，不是半數，難獲當選」。[77]

開票結果，果不其然，李國楨以 552 票之差未能當選。此次選舉，南投縣共有選民 131,814 人，投票率 90.40%，除去 2,491 張廢票，共投 119,163 票，李國楨得 59,030 票，另三位候選人陳如商得 20,218 票，廖啓川得 24,139 票，洪金園得 13,285 票，以廖啓川次多，得參加複選，複選日期定於 5 月 13 日。[78]

高雄市選舉市長，於當晚 11 時半已開票完畢，計候選人謝掙強得 49,223 票，李源棧得 41,934 票，林斌得 3,718 票，廢票 3,242 票，總投票數 98,187 票，投票率 77.74%。謝掙強得票已超過半數，依法當選高雄市市長。

當開票結果揭曉後，市長陳保泰發表談話，認爲「此次

77 〈票數分散，勢須複選〉，《中華日報》，台南，民國 40 年 5 月 5 日，第 5 版。
78 〈南投台中縣長未選出，定十三日再投票〉，《中華日報》，台南，民國 40 年 5 月 8 日，第 5 版。

市長選舉，全市具有選舉權之公民，計有 126,289 人，投票人數計達 97,866 人，百分比接近 8 成，足證市民對於民主選舉已有正確認識，且在選舉過程中，始終未發生任何糾紛，此種優良情形，尤可欽佩，……」。[79]

但另一候選人李源棧，則在 26 日上午 9 時，前往選務所申請複查選票，當經選務所總幹事吳深淼予以嚴正答覆稱：複查選票於法無據，礙難照辦。並由該所向民政廳副廳長項昌權請示，亦答以無法律根據，未予照准，除非自法院正式提請訴訟，經法院認爲需要裁定，始能舉行複查。[80]

此次高雄市長之選舉，能在第一次之選舉中選出市長，實屬難得。不可否認的，候選人謝掙強的最後能夠獲勝，自與國民黨的強力支持有密切關係。國民黨除了勸退另一同黨籍的黃昭明外，國民黨中央改造委員會對支持高雄市候選人之人選，業已確定爲該黨同志謝掙強氏，並由黨中央分函此間各機關首長、該黨同志，予以全力協助競選。[81]三日後，該黨中央支持謝掙強競選高雄市長的公令，於 14 日，正式到達該市改造委員會，該會並分函通知全市各區黨分部，予以全力支持。[82]此外，左營軍區選民熱烈的參與投票，亦可說是謝掙強獲勝的原因之一，因海軍總司令桂永清對此次市長

79 〈民選市長揭曉後，陳保泰發表談話〉，《中華日報》，台南，民國 40 年 3 月 26 日，第 4 版。

80 〈李源棧向選務所，申請複查選票〉，《中華日報》，台南，民國 40 年 3 月 27 日，第 4 版。

81 〈本黨決支持謝掙強，爲高雄市長候選人〉，《中華日報》，台南，民國 40 年 3 月 12 日，第 4 版。

82 〈黨支持謝掙強，通知到達〉，《中華日報》，台南，民國 40 年 3 月 15 日，第 4 版。

選舉甚爲重視，爲了便利海軍軍眷投票，特別準備了 15 輛選舉專車，去接送這些終日忙碌的軍眷主婦們。[83]

正當全省各縣市長陸續選出之際，唯獨苗栗縣長仍未選出，而苗栗縣長的選舉，可說是臺灣選舉史上最奇特的一次，不但選舉時間冗長，且選舉次數也最多，從民國 40 年 4 月 1 日舉行第一次選舉起到 7 月 29 日正式選出縣長止，前後共舉辦五次之多。

在第 2 次投票結束後，候選人劉定國得票較多，而當選首屆民選縣長，並於 5 月 1 日正式宣誓就職。但接事不到兩天，竟被高等法院宣判其當選無效。此乃該縣選民林光旺、黃玉山、黃運全等 3 人聯合提出控告，控告劉定國違反「縣市長選罷規程」第 6 條第 2 款，「現任軍人不得參加選舉」的規定，請求確認當選無效。臺灣高等法院乃於 5 月 3 日判決當選無效，訴訟費用由被告負擔。[84]如此則該縣勢必要重行辦理選舉。其後省選舉監督乃公告該縣將於民國 40 年 7 月 8 日重行選舉，參加競選的候選人計有黃發盛等 7 人。[85]

然而，這天因受大雨傾盆的影響，選民前往投票所投票的人僅有 58,708 人，而當時全縣公民總數爲 151,756 人，故其投票率僅爲 38%，是各縣市選舉投票率最低的一次。[86]由

---

83 〈高雄屏東選縣市長，選民順利完成投票〉，《公論報》，臺北，民國 40 年 3 月 26 日，第 3 版。

84 《臺灣省實施地方自治紀要》（南投市：臺灣省政府民政廳編印，民國 40 年 12 月初版），頁 97。

85 同前註，頁 98。

86 同前註，頁 98。此次投票率低，除了投票當日受大雨傾盆影響外，尚有兩原因亦影響選民之前去投票：一是上次選舉，劉定國於選後又被判無效，以致選民對重選不大感興趣。二是苗栗農村部份已開始第一期水稻

於未達選民總數之過半數，選舉監督指示無須計算其結果，並決定 7 月 22 日就原有候選人 7 人重行投票。投票結果，因候選人得票數均未達投票總數之過半數，依規定為無人當選，復於 7 月 29 日以得票較多之前 2 名候選人李白濱、賴順生舉行第 5 次投票。結果由於李白濱放棄競選，使得賴順生得以高票當選為第一屆苗栗縣縣長。

現將各縣市投票日期、投票情形、縣市長當選人姓名，以及就職日期等相關資料列表於後，以供參考。

表四：臺灣省各縣市第一屆縣市長選舉概況表

縣市別	投票年月日						選民數	投票人數		投票率		候選人數	就職年月日		
	第一次			第二次				第一次	第二次	第一次	第二次		年	月	日
	年	月	日	年	月	日									
全　省							3,453,916	2,617,090	1,652,584	75.77	80.87	90			
臺北縣	40	4	1	40	4	8	273,580	191,920	224,335	70.15	82.00	4	40	5	1
宜蘭縣	40	4	8	40	4	22	118,436	97,682	101,782	82.48	85.94	2	40	6	1
桃園縣	40	4	1	40	4	8	154,575	118,768	138,576	76.84	89.65	6	40	5	1
新竹縣	40	4	1				155,558	109,957		70.69		4	40	5	1
苗栗縣	40	7	22	40	7	29	151,756	99,571	102,468	61.56	67.52	7	40	8	15
	40	5	6	40	5	13	204,900	175,275	171,547	85.54	83.72	5	40	6	1
臺中縣	40	4	8				300,897	249,685		82.98		4	40	5	1
彰化縣	40	5	6	40	5	13	131,814	119,163	119,933	90.40	90.99	4	40	6	1
南投縣	40	4	15				224,673	192,131		85.52		2	40	6	1
雲林縣	40	4	15	40	4	22	233,866	177,838	198,775	76.04	85.00	3	40	6	1
嘉義縣	40	4	15				272,928	212,899		78.01		3	40	6	1
臺南縣	40	3	25	40	4	1	205,068	156,839	180,784	76.48	88.16	4	40	5	1
高雄縣	40	3	25	40	4	1	211,986	136,394	159,152	64.34	75.08	6	40	5	1
屏東縣	39	10	15	39	10	22	53,046	48,243	47,304	90.95	89.18	7	39	11	15
	39	10	15	39	10	22	79,979	64,706	67,588	80.90	84.51	6	39	11	15
臺東縣	40	1	7				36,965	28,106		76.03		2	40	2	1
花蓮縣	40	1	14				257,849	143,344		55.59		7	40	2	1
澎湖縣	40	1	7				73,163	62,683		85.68		3	40	2	1
臺北市	39	12	24	40	1	7	84,969	69,292	70,425	81.55	82.88	3	40	2	1

收割工作，農忙影響選舉。見〈選民投票率太低，苗栗縣長未選出〉，《公論報》，臺北，民國 40 年 7 月 9 日，第 1 版。

基隆市	39	12	24	40	1	7	101,619	64,411	69,915	63.38	68.80	5	40	2	1
臺中市	40	3	25				126,289	98,183		77.74		3	40	5	1
臺南市															
高雄市															

資料來源：1.同表二，《臺灣省實施地方自治紀要》，頁30。

2.董翔飛編著：《中華民國選舉概況》，(下篇)(中央選舉委員會，民國73年6月出版)，頁417。

附　　註：1.本表候選人數凡放棄競選者概未計入。

2.臺灣省各縣市縣市長選舉罷免規程第十七條規定(縣市長之選舉以有全縣市過半數公民之投票得票超過投票人總數之過半數者為當選,選舉結果無人當選時應就得票較多之前二名候選人，於二十日內舉行第二次選舉以得票較多者當選，票數相同時抽籤定之)依規定舉行第二次投票時其選民與第一次投票同。

3.苗栗縣縣長選舉初係於四月一日舉行投票，當時全縣公民總數為150,036，投票人數114,061，比率為百分之76.02候選人二人投票結果無人得票過半數復於四月八日舉行第二次投票，投票人數為126,528，比率為百分之84.33，結果候選人劉定國得票較多當選，並於五月一日就職，惟當選縣長劉定國旋經臺灣高等法院於五月三日判決當選無效依法重行辦理選舉並經公告於七月八日投票，投票結果因投票人數僅有58,708未超過當時全縣公民總數151,756之半數，經於七月二十二日重行投票其選舉概況有如表列。

第五章　縣市長當選人成分之分析

第一屆 21 位縣市長陸續選出後，現將此新當選之縣市長其詳細資料列表於後，以供參考。

表五：第一屆縣市長當選人名單

縣市別	臺北縣	宜蘭縣	桃園縣
姓　名	梅達夫	盧纘祥	徐崇德
性　別	男	男	男
年　齡	52	48	41
籍　貫	貴州省江口縣	臺灣省宜蘭縣	臺灣省桃園縣
黨　籍	國民黨	國民黨	國民黨
職　業	公	商	自
學　歷	1.保定軍官學校第9期畢業 2.陸軍大學將官班畢業	1.頭城公學校畢業 2.正軒書院研讀	日本京都立命館大學法律科畢業
經　歷	1.少將參謀長、少將副師長、旅長、團長 2.行政督察專員間保安司令 3.豫、鄂、皖邊區黨政分會委員、補訓處長 4.民國 35 年任行政長官公署參議 5.民國 36 年奉派臺	1.經營「榮典商行」 2.頭圍信用組合理事、組合長 3.頭圍庄協議會員、臺北州協議會員 4.頭城鄉首任官派鄉長 5.臺灣石粉有限公司董事長 6.頭城中學校長 7.新蘭陽建設促進會會長	地方方面委員 壯丁團團長 業佃會總代表 縣農會理事 福安煤礦公司董事 桃園縣記者公會理事、全民日報社桃園分社主任

	北縣縣長	8.宜蘭縣農會理事長 9.臺北縣漁會理事長 10.臺北縣參議員、副議長、議長	
得票數（票）	173, 389	68, 970	68, 873
備　註			

新竹縣	苗栗縣	台中縣	彰化縣	南投縣
朱盛淇	賴順生	林鶴年	陳錫卿	李國楨
男	男	男	男	男
47	44	38	45	41
臺灣省新竹縣	臺灣省苗栗縣	臺灣省台中縣	臺灣省南投縣	臺灣省南投縣
國民黨	無	國民黨	國民黨	國民黨
自	公	公	公	公
臺北師範學校畢業 東京日本大學法科畢業 日本文官高等試驗司法科、行政科合格	日本東京帝國大學教育系畢業	日本東陽音樂大學畢業	1.臺北帝國大學政治系畢業 2.陽明山革命實踐研究院第6期畢業 3.民國36年全國縣長考試第二名合格	1.台中師範學校畢業 2.日本早稻田大學法學部畢業
1.小學教師 2.日本大學講師 3.新竹州議會議員 4.新竹縣參議會副議長 5.律師 6.新竹縣第二信用合作社理事會主席 7.福泰產業公司董事長 8.義民中學校長	1.日本厚生大學社會事業研究所研究員 2.臺灣省立師範學院教授 3.頭份大成中學校長	1.大屯區警民協會理事 2.台中音樂協會理事長 3.中國廣播公司音樂顧問 4.國防部政治部音樂宣傳委員 5.台中師範、台中農學院音樂教授	1.臺灣省農林處專員、機要秘書 2.民國36年奉派彰化市長 3.民國 39 年 10 月奉派彰化縣長	1.台中州接管委員會專員 2.台中農會副會長 3.台中縣政府地方自治課長 4.台中縣大屯區區長 5.南投縣民政局長 6.國民黨南投改造委員會委員
77, 955	75, 608	88, 054	153, 972	75, 650

雲林縣	嘉義縣	台南縣	高雄縣	屏東縣
吳景徽	林金生	高文瑞	洪榮華	張山鐘
男	男	男	男	男
48	36	58	49	65
臺灣省雲林縣	臺灣省嘉義縣	臺灣省台南縣	臺灣省高雄縣	臺灣省屏東縣
國民黨	國民黨	國民黨	國民黨	國民黨
公	公	公	公	公
日本京都醫科大學醫學博士	日本東京帝國大學法學部畢業	臺灣總督府國語學校師範部畢業	日本東京帝國大學農學部農經科畢業	1.臺灣總督府國語學校師範部畢業 2.臺北帝國大學醫學博士
1.日本神戶病院外科醫局長 2.柏源加古川病院院長 3.斗六友于堂醫院院長 4.斗六鎮鎮長	1.嘉義縣政府民政課課長 2.嘉義縣東石區區長 3.雲林縣虎尾區區長	1.台南佳里街長 2.北門初級中學校長 3.曾文區區長	1.高雄州廳技師 2.高雄州接管委員會產業部長 3.高雄縣政府民政局建設課長 4.高雄縣政府建設局局長	1.臺北、屏東兩府立醫院醫生 2.東瀛醫院院長 3.萬丹庄、高雄州協議會員 4.萬巒區區長 5.屏東市區域市參議員 6.萬丹信用組合長 7.大正實業株式會社監查役 8.國民黨屏東縣監察委員會黨務委員
103, 753	101, 482	106, 631	90, 502	93, 421

台東縣	花蓮縣	澎湖縣	臺北市
陳振宗	楊仲鯨	李玉林	吳三連
男	男	男	男
60	54	48	53
臺灣省台東縣	臺灣省高雄市	河北省灤縣	臺灣省台南縣
國民黨	無	國民黨	無
公	無	公	公
臺灣總督府國語學校師範乙科畢業	1.14 歲留學日本學習染料科技 2.赴福州鶴齡英華教會書院就讀 3.留學美國南達科達礦業大學及卡路裡路專科學校畢業，精通英、法、西班牙語	中國大學政經系畢業	1.臺灣總督府國語學校畢業 2.日本東京商科大學畢業
1.台東公學校訓導、教師 2.台東街協議會員、方面委員 3.台東縣水產公司負責人 4.經營農場、漁業及柴魚製造業 5.信用合作社理事、縣農會理事長 6.縣參議員、議長 7.第一屆行憲國大代表 8.台東新報社社長 9.台東縣人民自由保障委員會主任委員 10.善後救濟總署臺灣分署審議委員 11.台東縣自治協進會員、縣獎學	1.花蓮港廳接管委員會專員 2.花蓮區署長 3.臺灣行政長官公署民政處專員 4.民國 15 年創立玉我山莊及農場，經營農事 5.花蓮山地農業職校校長 6.山地行政處視察	1.陸軍中校、上校參謀長 2.唐山市警察局長 3.馬公要塞守備團團長、軍官大隊長 4.39 年奉派澎湖縣縣長	1.大阪「每日新報社」記者 2.「臺灣新民報」東京支局長 3.平津「臺灣同鄉會」會長 4.「合豐行」總經理 5.第一屆行憲國大代表 6.臺北市官派第三任市長 7.彰化銀行董事

會委員、土地調查委員會委員			
26, 691	35, 440	21, 395	92, 061

基隆市	台中市	台南市	高雄市
謝貫一	楊基先	葉廷珪	謝掙強
男	男	男	男
49	49	47	40
湖南省新化縣	臺灣省台中縣	臺灣省台南市	臺灣省澎湖縣
國民黨	無	國民黨	國民黨
公	自	農	公
1.長沙雅禮大學畢業 2.美國密西根大學市政研究所碩士	1.日本大學法科畢業 2.日本高等文官考試試司法科及格	1.日本明治大學法學部畢業 2.明治大學法學部專攻憲法兩年	1.就讀慶應大學 2.中央訓練團黨政班 18 期暨臺灣省行政班第 1 期畢業
1.中央政治學校、警官學校教授 2.漢口市政府秘書 3.軍委會少將組長負責經濟建設，並興建農田水利、灌溉農田 4.貴州省定番縣長行政督察專員兼保安司令 5.善後救濟總署廣西安徽、兩分署副署長 6.民國 38 年奉派基隆市長	1.清水街役場書記 2.台中市執業律師 20 餘年 3.臺灣信託社、臺灣省漁會聯合會等常年法律顧問 4.新高都市開發會社社長	1.台南市議會民選議議員 2.台南市參事會員、保正 3.創辦興南工業株式會社 4.東亞信託株式會社董事長、產業公司董事長 5.廣泰行總經理 6.台南市警民協會理事長 7.延平郡王祠管理委員會總幹事兼副主委 8.自營恆隆農場	1.臺灣革命同盟會執執行委員兼組長、隊長 2.臺灣義勇總隊駐渝辦事處主任 3.中央黨部專員 4.中央設計局臺灣調查委員會委員 5.新竹州接管委員 6.新化虎尾區區長 7.嘉南大圳水利組合新化區主任 8.官派嘉義市長 9.憲政督導委員會委員 10.第一屆行憲國大代表
34, 905	38, 406	46, 156	49, 223

資料來源：1.卜幼夫：《臺灣風雲人物》（香港：新聞天地社，民國 51 年 7 月初版）。
2.民族文化出版社編輯委員會編輯：《自由中國名人實錄》（臺北市：民族文化出版社，民國 42 年 4 月初版）。
3.李筱峯：《臺灣戰後初期的民意代表》（臺北市：自立晚報社文化出版部出版，民國 76 年 6 月 3 版）。
4.東南文化出版社編輯委員會編輯：《南臺灣人物誌》（台中市：東南文化出版社，民國 45 年 12 月 20 日出版）。
5.吳三連口述，吳豐山撰記：《吳三連回憶錄》（臺北市：自立晚報社文化出版部出版，民國 80 年 12 月，第 1 版 1 刷）。
6.周崑陽發行：《臺灣時人誌》，（上冊）臺籍人士篇（臺北縣：龍文出版社股份有限公司，2009 年 12 月出版）。
7.紀俊臣、陳陽德：《臺灣地方自治人物誌（縣市長篇）》（臺灣省諮議會委託研究，民國 90 年 6 月）。
8.徐有春主編：《民國人物大辭典》（河北人民出版社出版，1991 年 5 月第 1 次印刷）。
9.許雪姬總策劃：《臺灣歷史辭典》（臺北市：行政院文化建設委員發行，2004 年 5 月 18 日，1 版 1 刷）。
10.《國史館現藏民國人物傳記史料彙編》，第 4 輯（臺北縣：國史館編印，民國 79 年 6 月出版）。
11.《國史館現藏民國人物傳記史料彙編》，第 13 輯（臺北縣：國史館編印，民國 84 年 2 月出版）。
12.莊英章、吳文星纂修：《頭城鎮志》（宜蘭縣：頭城鎮志編纂委員會，民國 74 年 12 月出版）。
13.楊舜主編：《中國臺灣名人傳》（臺北市：中華史記編輯委員會編纂，民國 50 年 6 月 21 日再版）。
14.照史著：《高雄人物評述》（高雄市：春輝出版社出版，民國 72 年 10 月 15 日初版）。
15.董翔飛編著：《中華民國選舉概況》，（下篇）（中央選舉委員會，民國 73 年 6 月出版）。
16.《臺灣省實施地方自治紀要》（南投市：臺灣省政府民政廳編印，民國 40 年 12 月出版）。
17.興南新聞社編：《臺灣人士鑑》（臺北市：興南新聞日刊十週年記念出版，昭和 18 年 3 月 15 日發行）。

雖然在競選期間，選民對各候選人有一初步的認識，但爲便於對這些新當選之縣市長有進一步的了解，乃以所列之資料，分別就性別、年齡、籍貫、教育背景、經歷和黨派等項加以說明，並分析之。

第一節　性　別

此次所選出的 21 位縣市長，清一色的都是男性。雖然政府所訂定的「縣市長選舉罷免規程」中，對候選人並無性別、財產、學歷的限制，但報名參選的女性候選人實在太少，在 90 位候選人中，只有嘉義縣的張許世賢一位女性參選。所佔的比率爲 1.1%。

臺灣自民國 34 年光復以來，曾舉辦過多次選舉，如制憲、行憲國民大會代表之選舉以及各縣市議員的選舉，都有多位女性候選人參選，[1]惟獨這次縣市長選舉，卻只有一位女性候選人，而張許世賢又未能當選縣長，所以此次所選出的 21 位縣市長清一色都是男性當選人。

雖然張許世賢未能當選上嘉義縣長，但李筱峯教授在其論著「臺灣戰後初期的民意代表」一書中，對光復後曾參加過各項選舉，表現優異的婦女讚譽有加，其云：「然就當時客觀環境而言，婦女的參政在臺灣戰後初期即已創下極優異的成就。這種成就可以從行憲國大代表和立法委員的選舉看出，蓋此兩次選舉皆採行普選，而女性的獲票數皆相當可觀，

1 制憲時期，臺灣省共有 10 位婦女參與競選，見李南海：〈臺灣省制憲國民大會代表之選舉〉，頁 4。行憲時期，臺灣省有 7 位婦女參與競選，見《中華日報》，台南，民國 36 年 11 月 6 日，第 1 版。

尤其立委選舉中的謝娥獲 14 萬多票，林慎獲 10 萬多票，分別應選 8 名之中的第 6、第 7。遠遠勝過其後的男性候選人，足見女子參政的風氣在戰後即已興起，且社會大眾頗能接受這種現象。……易言之，戰後初期臺灣的女子參政的實力，以及臺灣民眾的進步觀念，已無須婦女保障名額的制度來保障。不健全的婦女保障制度，反而卻阻礙女性的參政」。[2]

由以上之論述可以看出，臺灣自光復以後，由於教育的普及、社會觀念的逐漸開放、婦女自我意識的覺醒，使得婦女大膽地走出家庭，積極參與政治活動。張許世賢即是如此，她早年赴日求學，接受新式教育，觀念新穎，思想前衛。雖然在此次縣市長選舉中落敗，但也讓她開始認真思考「政治」此一問題，也讓她從此踏上「政治」的不歸路，並且爲日後「許家班」在地方上的勢力，打下深厚的基礎。

因此我們可以說，在光復初期，凡島內或島外受過教育薰陶的女性，思想和觀念都較爲開放，且易於接納新的事務，這對日後女性地位的提昇，具有舉足輕重的影響。特別是受過中等以上教育或留學教育的女性較有躋身社會菁英的機會。[3]

第二節　年　齡

依「縣市長選罷規程」之規定，參與競選之候選人必須

2 李筱峯：《臺灣戰後初期的民意代表》（臺北市：自立晚報出版，民國 76 年 6 月 3 版），頁 74。

3 游鑑明：《日據時期臺灣的女子教育》（臺北市：國立臺灣師範大學歷史研究所專刊（20），民 國 77 年 12 月初版），頁 243。

年滿 30 歲，由表五所列「縣市長當選人名單」可知，年齡都在 30 歲以上。表中所列之年齡，係依個人當選時之年齡爲準，其中年齡最輕的是嘉義縣長林金生，只有 36 歲，其次是台中縣長林鶴年，38 歲。最年長的是屏東縣長張山鐘，65 歲。一般學者做年齡之分析，係採 5 歲爲一組的分組觀察法來統計，現將此次當選之 21 位縣市長，依其不同的年齡層，分別加以分類統計，並列表於後，以供參考。

表六：第一屆縣市長當選人年齡分類統計表

年齡級	30∫34	35∫39	40∫44	45∫49	50∫54	55∫59	60∫64	65∫69	合計
當選人數（人）	0	2	4	9	2	2	1	1	21
所佔百分比（%）	0	9.52	19.04	42.85	9.52	9.52	4.76	4.76	100

由以上所列之表六可以得知，30～34 歲此一年齡層並無人參選，而 35～39 歲者有 2 人，所佔的比例爲 9.52%；40～44 歲者有 4 人，所佔的比例爲 19.04%；45～49 歲者有 9 人，所佔比例爲 42.85%；50～54 歲，以及 55～59 歲，各有 2 人，各佔 9.52%；60～64 歲，以及 65～69 歲亦各有 1 人，各佔 4.76%。若以 40～49 歲此一年齡層觀察之，則人數最多，共有 13 人，所佔比例爲 61.89%，屬中壯年齡層。根據法國政治學家 Mattei Dogan 之研究，認爲參選人入議院之最佳年齡在 45 歲左右，此時正値一個人的壯盛之年，心智皆已成熟，[4]不但富有朝氣，而且正是發揮自己才華和貢獻智慧的最

4 M. Dogan, "*Political Ascent in a Class Society*: French Deputies, 1870-1950" in Marrick, pp.57-90. 轉引自張朋園：〈從民初國會選舉看政治參與〉，

佳時機。

至於 50～54 歲的縣市長只有 4 位，而 60～69 歲的縣市長只有兩位，這都是可喜的現象，蓋 60 歲以後入議院者其目的多不在政治。[5]若與臺灣省在民國 35 年所選出的縣市參議員或省參議員相比，亦可看出在 40～44 歲所選出的縣市參議員有 193 人，佔所有縣市參議員人數的 26.29%；45～49 歲次之，有 153 人，佔 20.84%；兩組合計共有 346 人，佔 47.13%。而省、參議員方面，40～44 歲所選出的有 7 人，佔 14.89%；45～49 歲者最多，有 17 人，佔 36.17%；兩組合計共有 24 人，佔 51.06%。由此可以看出，不論省或縣市參議員，此兩不同年齡層下所選出的議員人數，都是人數最多，所佔比例最高的年齡層。60 歲以上所選出的省、縣市參議員人數確實很少，這是有目共睹的。[6]因此，就整體而言，這次所選出的縣市長，其年齡均屬壯年期，未呈老化現象。若從另一角度觀之，這也表示新生代參政的意願頗爲普遍，選民也隨著新生代的參與選舉而有不同的選舉要求，他們都希望選出屬於他們自己同一代的代表。在這種因素下，就很容易表現在縣市長當選者的年齡上。[7]

由以上這些論述可以看出，選民均不希望當選的縣市長年齡過大，雖然此次「縣市長選罷規程」內對候選人並未有

中華文化復興運動推行委員會主編：《中國近代現代史論集》，第 19 編（臺北市：臺灣商務印書館發行，民國 75 年 6 月初版），頁 60。

5 同前註。

6 李筱峯：《臺灣戰後初期的民意代表》，頁 76-79。

7 陳陽德：《臺灣地方民選領導人物的變動》〈臺北市：四季出版事業有限公司，民國 70 年 4 月 2 日，第 1 版〉，頁 52。

最高年齡之限制，但畢竟縣市長一職，公務繁忙，責任重大，不僅學識、經驗、品德都要好，還要有充沛的體力，否則難以勝任。如，台東縣之陳振宗縣長，上任未及一載，即因積勞成疾，一病不起。又如台中縣第二屆縣長當選人陳水潭、第四屆臺北縣長謝文程、第五屆基隆市長林番王，以及南投縣長楊昭璧等人均在當選後不久，因體力不勝負荷而在任內去世。 是以臺灣省政府於民國 56 年就地方自治法規第 5 次全面檢討與修改時，即有人建議，對縣市長之參選年齡有所限制，但決策單位在會議中，就此問題討論時，多數人認為，此事既然容易引起困擾，以取消為佳，將來各政黨利用政黨提名的制度，在遴選候選人時，可對其年齡加以考慮。[8]

第三節　籍　貫

此次所選出的縣市長，就籍貫而論，有本（臺灣）省籍

8 註：在此次修正 6 種地方自治法規時，其中「臺灣省公職人員選舉罷免規程」中即規定「縣市長候選人年齡不得超過 60 歲，鄉鎮縣轄市長候選人年齡不得超過 65 歲」，當時之省民政廳長翁鈐也要求省議會支持民政廳所提的地方自治法規的修正案，認為「這次地方自治法規修正案中，應對縣市長及鄉鎮長的最高年齡有所限制，是鑒於事實的需要。因為此等職務要年富力強的人才能勝任。」此一規定，在社會引起很多的討論，贊成的認為可鼓勵青年人從政，促進政治上的新陳代謝；反對的則認為與民主政治的原則不合。最後國民黨中央即通過一項決議，對縣市長候選人，不在法規上限制其最高年齡，但將於黨內提名時，儘力輔導年富力強、品學兼優人士競選。見〈縣市長候選人年齡限制取消〉，《聯合報》，臺北，民國 56 年 6 月 22 日，第 2 版；〈修正臺省地方自治法規，限制縣市長等年齡，翁鈐盼省議會支持〉，《中央日報》，臺北，民國 56 年 6 月 7 日，第 3 版；〈國民黨中央決議，縣市長候選人，年齡不加限制〉，《中央日報》，臺北，民國 56 年 6 月 22 日，第 1 版。

者，亦有外省籍者。若先就縣長方面論之，在此 16 位縣長中，由本籍選出的共有 12 位，此可由表五「縣市長當選人名單」中看出，在此不多加贅述。其他 4 位縣長，則非由該地籍選出，分別是臺北縣的梅達夫、彰化縣的陳錫卿、花蓮縣的楊仲鯨，以及澎湖縣的李玉林。其中陳錫卿和楊仲鯨屬本省他縣市籍，陳錫卿原係南投縣人，楊仲鯨則屬高雄市人。而梅達夫與李玉林，一是貴州江口縣人；一是河北省灤縣人，均屬外省籍者。

在市長方面，5 位市長中，屬本省籍的有 4 位，分別是臺北市的吳三連、台中市的楊基先、台南市的葉廷珪和高雄市的謝掙強，但只有台南市的葉廷珪是在本地籍選出的市長，其他三人，雖係本省籍貫，但皆屬其他縣市籍者。如，吳三連原籍台南縣人；楊基先，台中縣人；謝掙強，澎湖縣人。另一人則是基隆市的謝貫一，係湖南省新化縣人，屬外省籍人氏。

由以上之論述可以看出，此 21 位縣市長，屬本省籍且由所隸屬縣市地籍選出的，仍佔絕大多數，共有 13 人，所佔的比例竟高達 61.9%。其次是本省他縣市籍的縣市長共有 5 位，所佔的比例爲 23.8%，兩者合計高達 85.7%，再其次是純屬外省籍之縣市長共有 3 人，所佔的比例只有 14.3%，此皆可由表七之所列可以看出。由此亦可讓我們了解，此次所選出的縣市長，絕大多數都是來自於本省籍地方人士，此正符合中山先生所倡導的「地方自治」原則，也就是地方上的事務由地方人民自己選出代表和官吏來加以管理。所以，本次縣市長之選舉，不但爲往後「地方自治」之實施立下了良好的典範，也打下了良好的基礎。現將本屆縣市長選舉，當選人籍貫列表於後，以供參考。

表七：第一屆縣市長當選人籍貫統計表

項目別／縣市長別	本　籍	非本籍		共計（人）
		本省他縣市籍	外省籍	
縣長	12	2	2	16
市長	1	3	1	5
共計（人）	13	5	3	21
百分比（%）	61.9	23.8	14.3	100%

資料來源：《臺灣省實施地方自治紀要》，附錄五：臺灣省各縣市第一屆縣市長選舉統計表，頁 34。

第四節　教育背景

由表五所列之「縣市長當選人名單」，可以看出新當選之縣市長所受的教育程度。

在此 21 位縣市長中，梅達夫、李玉林、謝貫一等 3 人係外省籍縣長，早年均在大陸接受教育。梅達夫是貴州省籍，畢業於保定軍官學校及陸軍大學將官班，軍人出身；李玉林是河北省籍，畢業於中國大學政經系；謝貫一是湖南省籍，除畢業於長沙雅禮大學外，復畢業於美國密西根大學，並獲碩士學位，此兩人在抗戰前後均投身軍旅，並隨政府遷來臺灣。其餘 18 位縣市長，均在臺灣土生土長。除宜蘭縣長盧纘祥是國小畢業外，其他 17 位本省籍縣市長均受過高等教育（包括島內或島外之學校），可謂是擁有高學歷的縣市長。

然而臺灣在光復以前，因受日本統治，當時學生均受日本殖民教育，所學多偏師範、醫科或農科。長期以來，由於欠缺完備的制度及充分且公平的教育機會，加上時代潮流的刺激，因此當時家庭環境較佳的子弟均赴島外求學，其留學地包括日本、中國大陸、歐美等地區。[9]而赴島外求學的教育等級主要是以高等教育爲主。當時仍以赴日本留學的爲最多，實因到日本留學，無論在語言、交通及其他因素等方面均較赴其他地區爲方便。[10]就以此次新當選的縣市長而言，就有 13 人留學日本，他們是徐崇德、朱盛淇、賴順生、林鶴年、李國楨、吳景徽、林金生、洪榮華、楊仲鯨、吳三連、楊基先、葉廷珪、謝掙強。（楊仲鯨、謝掙強雖未畢業，仍包含在內），佔所有 21 位縣市長人數的 61.90%。其他赴歐美地區留學的只有楊仲鯨一人，他曾在福州英華書院就讀，後赴美國南達科達礦業大學就讀，最後畢業於卡路禮路專科學校，精通英、法、西班牙語。

而在臺灣本土受過高等教育的有 4 人，分別是接受師範教育的陳振宗和高文瑞兩人，以及畢業於臺灣總督府醫學校的張山鐘，和畢業於臺北帝國大學政治系的陳錫卿。至於，在島內受過師範教育的，除了前所提的陳振宗和高文瑞外，尚有李國楨 1 人，但畢業後不久即負笈日本求學，因此不知其是否曾在島內擔任過教職。

此外，由表五之學歷欄中，可以看出，赴日本留學的 13

9　吳文星：《日據時期臺灣社會領導階層之研究》（臺北市：正中書局，民國 81 年 3 月，台初版），頁 118。

10　同前註。

位縣市長中，學習法學的有徐崇德、朱盛淇、李國楨、林金生、楊基先、葉廷珪等 6 人；學醫的僅有吳景徽一人，並獲得博士學位。賴順生學教育；吳三連學商；林鶴年學音樂；洪榮華學農經。若再加上彰化縣長陳錫卿係臺北帝國大學政治科畢業，以及澎湖縣長李玉林係中國大學政經系畢業，就可以看出學習法政商經類的佔絕大多數，共有 9 人之多。由此可知，當時赴日留學的學生，仍以學習法政類和商經類的人數為最多，反而學習師範教育和醫學的寥寥無幾，這或許就是對日本殖民體制不滿的一種表現，[11]而紛紛就讀法政類科，這正如李筱峯教授在其論著中所言：「受教育所修習的科目不僅反映民意代表的成分，亦可以看出當時社會的變貌」。[12]

因此，參政層次提高了，縣市政府的業務也益趨繁瑣，擔任縣市長者，除了需要有相當的行政經驗外，還得具備專業知識才可勝任。是以法政、商經類出身者從政機率也逐漸增大。相對地，師範和醫師出身擔任縣市長的人數就大為減少。

由以上之論述可以看出，光復初期活躍於臺灣政壇的領導人物，仍是以接受日式教育和留學日本的為最多。至於新生代的培植仍需假以時日，方能蔚成勢力。[13]

---

11 吳濁流曾說，「過去臺灣在日本殖民統治的 50 年間，只提供三條出路，一是醫生，二是下級官吏，三是律師」。為了推動前二條路，乃創辦醫學校和國語學校（北師前身），然於律師一途，並無專門的法政學校在臺創設，因此，律師行業出身的人數並不多，見李筱峯：《臺灣戰後初期的民意代表》，頁 123。

12 同前註，頁 81。

13 陳陽德：《臺灣地方民選領導人物的變動》〈臺北市：四季出版事業有限公司，民國 70 年 4 月 2 日，第 1 版〉，頁 64。

第五節　經　歷

此一經歷之分析，係以當選代表前和當選時所從事過之職業爲主，在時間上係指日據時期至第一屆縣市長當選時日止。

由表五所列縣市長當選名單中之經歷一欄，可以看出，此 21 位縣市長當選人之經歷非常豐富。現依其經歷歸納爲公務人員、文化界、工商企業界、社會服務團體、農漁水利等組合事業、醫生、教師、律師、議員、軍職、黨務工作等 11 類，現將此 21 位縣市長，就其曾經擔任過的職務列表於後，以供參考。

表八：第一屆縣市長當選人職業分類表

職業別	姓名	人數（人）	百分比（%）
公　職	梅達夫、盧纘祥、徐崇德、陳錫卿、李國楨、吳景徽、林金生、高文瑞、洪榮華、張山鐘、陳振宗、楊仲鯨、李玉林、吳三連、謝貫一、楊基先、葉廷珪、謝掙強	18	24.7
文化界	徐崇德、林鶴年、陳振宗、吳三連	4	5.5
工商企業界	盧纘祥、徐崇德、朱盛淇、高文瑞、張山鐘、吳三連、楊基先、葉廷珪	8	11
社會服務	盧纘祥、徐崇德、林鶴年、陳振宗、吳三連、謝貫一、葉廷珪	7	9.6
農漁水利合作事業	盧纘祥、徐崇德、朱盛淇、李國楨、高文瑞、張山鐘、陳振宗、楊仲鯨、吳三連、楊基先、葉廷珪、謝掙強	12	16.4
醫　生	吳景徽、張山鐘	2	2.7
教育界	盧纘祥、朱盛淇、賴順生、林鶴年、高文瑞、陳振宗、楊仲鯨、謝貫一	8	11
律　師	朱盛淇、楊基先	2	2.7

議　員（民意代表）	盧纘祥、朱盛淇、張山鐘、陳振宗、吳三連、葉廷珪	6	8.2
軍　職	梅達夫、李玉林	2	2.7
黨　務	梅達夫、李國楨、張山鐘、謝掙強	4	5.5
總　計		73	100

一、公職人員

本屆所選出的 21 位縣市長中，仍以服務過公職之人數佔最多數，計有 18 人，所佔的比例爲 24.7%。

此處所謂的公職係指曾在日治時期擔任地方公職，如各州、市會員，街、庄協議會員，街、庄長，役場書記，壯丁團要員、方面委員、保正等，[14]以及曾在國民政府機構內任職之公務人員，包括「半山」分子。至於光復初期曾擔任過省縣市參議員者，則不在此範圍內，此等民意代表擬在議員類中加以分析說明，此處不予贅述。

由表五「縣市長當選名單」之所列可以看出，這 18 位曾服務過公職的縣市長中，有 5 位曾當過官派的縣市長，他們是臺北縣的梅達夫、彰化縣的陳錫卿、澎湖縣的李玉林、臺北市的吳三連，和基隆市的謝貫一。

---

14 在日治時期，有相當比例的人擔任過日政下的公職，或被委以某些職銜或任務。各州、市會員及街、庄協議會員，自 1935 年底起，有一半民選，一半官派。街長、庄長、助役、保正都是地方上有聲望，而獲日本當局信任的人。壯丁團團長是由警察官指定，並受其指揮監督，故擔任壯丁團的團長、副團長的人，必與日政當局有良好的關係。而「方面委員」是以該地區具有聲望人士爲委員，用以調查及辦理該地區社會事業。擔任方面委員之地方領導人物，也必然與日本當局保有良好的關係。見盛清沂、王詩琅等著：《臺灣史》，第 8 章第 2 節「行政」（台中市：臺灣省文獻委員會編印，民國 66 年 4 月 30 日），頁 510、511、583、655。

梅達夫出身軍旅，保定軍校第9期畢業，半身戎馬，曾任少將參謀長、副師長、旅長等職。民國35年，應臺灣省行政長官公署聘任爲參議，參與處理政務。36年6月調長臺北縣，直至辭職競選首屆臺北縣縣長時，在職3年8個月，加上當選第一屆臺北縣民選縣長,任期自民國40年5月1日至43年6月2日，總共服務6年9個月，在職期間政績卓越，縣府與民意機關合作無間，政令順利推行，工作效率增強，臺北縣在其帶領之下，逐步邁向民主自由。[15]

陳錫卿係出南投縣竹山名門，臺北帝國大學政治科（即台大政治系）畢業，臺灣光復後，曾任省農林廳專員及秘書等職。民國36年參加臺灣區第一屆縣長考試，榮獲第二名，後奉派擔任彰化市長。任內綠化八卦山、開闢大竹排水溝、普及國民教育、重建彰化溫泉，以及整建彰化市容等爲最大政績。39年10月，彰化縣成立後，奉省府令派爲彰化縣長，造福縣民不遺餘力。40年2月，應彰化縣地方父老之請，辭去縣長，競選民選縣長，獲得選民支持，在第一次投票時即贏得絕對多數票，當選民選縣長。就職後宣布「建設彰化」、「實現民主」、「力主人和」、「完成勘建」四大施政目標，並發表其建設計劃。因表現卓著，其後復連任兩屆縣長。[16]

澎湖縣長李玉林亦係軍職出身,民國38年部隊奉命撤退至澎湖，擔任馬公要塞守備團團長、軍官大隊長。39年奉派

15 紀俊臣、陳陽德：《臺灣地方自治人物誌（縣市長篇）》（臺灣省諮議會委託研究，民國90年6月），頁1。

16 國史館編：《國史館現藏民國人物傳記史料彙編》，第13輯（臺北縣：國史館編印，民國84年2月出版），頁320。

任澎湖縣長，不久即辭職參選首任民選縣長，並以高票當選，縣長任內，勤政愛民，對澎湖之開發具有規劃和創新之成效，遂能連選連任三次之多，任期長達 11 年之久。[17]

吳三連係出自台南縣學甲鄉望族，自幼即充滿愛國意識，抗日情懷塡膺。日本東京商科大學畢業後，擔任日本大阪每日新聞社記者，後轉任臺灣新民報社編輯總務，其後赴大陸經商，成就輝煌。抗戰勝利後，被推爲「平津臺灣同鄉會」會長，以其所得做爲贊助平津當地台籍同胞返台之旅費，嘉惠台胞，厥功至偉，因此獲得臺灣廣大民眾之愛戴。[18]

36 年吳氏當選臺灣省第一屆行憲國民大會代表，38 年 2 月，政府任令其爲臺北市第三任市長，不久臺灣省實施地方自治，選舉各縣市長，吳氏經各方人士之鼓勵與支持，乃參與民選市長之競選，在 7 位候選人中，果以高票當選第一屆臺北市之民選市長。

至於謝貫一原籍湖南省新化縣人，自長沙雅禮大學畢業後，自費前往美國留學，就讀密西根大學，研習市政，獲市政碩士學位。回國先後擔任中央政治學校及高等警官學校教授。民國 25 年，出任軍事委員會重慶行營少將組長，主管轄區經濟建設，適逢四川大旱，饑饉連年，先生乃本著人飢己飢的精神，發動賑災及倡議興建農田水利，嘉惠農民。27 年調任貴州省定番縣縣長，着手試行鄉村建設實驗工作，完成貴州第一水利工程，灌溉農田 2 萬餘畝，旋又調爲貴州省惠

17 紀俊臣、陳陽德：《臺灣地方自治人物誌（縣市長篇）》，頁 181。
18 吳三連口述、吳豐山撰記：《吳三連回憶錄》（臺北市：自立晚報社文化出版部出版，民國 80 年 12 月，第 1 版 1 刷），頁 106。

水縣長，任內亦迭有輝煌建樹。[19]

民國 38 年，謝氏隨政府來台，隨後奉派擔任市長，主持基隆市政，在其任內，銳意建設，將戰時遭受轟炸損毀之房舍、橋樑、道路修復竣工，並開闢財源，整頓稅收，又開闢第二水源地，解決基隆市水荒問題等等。由於謝氏在其任內政績斐然，成就輝煌，因此當政府於 39 年實施地方自治，舉辦民選市長時，獲得地方人士一致擁戴，順利當選第一屆民選市長，其後復連任二屆，先後主政達 11 年之久。由此可知，謝氏對光復後基隆市之重建，確實是貢獻良多，其成就是有目共睹的。[20]

除了以上之 5 位曾擔任過縣市長外，亦有多位當過鄉鎮市（縣轄市）長，自然也包括日治時期之區街長等。如，宜蘭縣之盧纘祥、南投縣之李國楨、雲林縣之吳景徽、嘉義縣之林金生、台南縣之高文瑞、屏東縣之張山鐘，以及高雄市之謝掙強等 7 位。

盧纘祥幼年就讀頭城公學校，打下良好的國學基礎。自民國 9 年經營「榮興商行」起，便開始了從商之路。17 年以後，積極參與地方政治，先後擔任頭圍庄協議會員、臺北州會議員等。臺灣光復後，奉派爲首任頭城鄉長，37 年出任新蘭陽建設促進委員會會長，爭取宜蘭獨立設縣。民國 40 年，宜蘭終於如願所償，獨立設縣，並獲選爲首任縣長。[21]

---

19 楊舜主編：《中國臺灣名人傳》（臺北市：中華史記編譯委員會，民國 50 年 6 月 21 日再版），頁 113。

20 民族文化出版社編輯委員會編輯：《自由中國名人實錄》（臺北市：民族文化出版社，民國 42 年 4 月初版），頁 255。

21 莊英章、吳文星纂修：《頭城鎮志》（頭城鎮：頭城鎮志編纂委員會，民國 74 年 12 月出版），頁 414。

李國楨係南投縣草屯鎮人，台中師範畢業後，入日本早稻田大學法學部深造。學成歸國，歷任台中州接管委員會專員、台中農會副會長。臺灣光復後，轉任台中縣政府地方自治課長，復擔任台中縣台中指導員兼行政課長、台中縣大屯區區長，對大台中縣自治發展頗有貢獻。

迨，南投縣正式設縣後，李國楨乃回鄉出任該縣民政局局長，並參選首屆民選縣長，最後以高票當選，並連任 1 次。[22]

吳景徽係雲林縣斗六鎮人，早年留學日本，畢業於日本京都醫科大學，獲得醫學博士。曾任日本神戶病院外科醫局長、柏原加古川病院院長。光復後返回臺灣，於斗六開設友于堂醫院。

由於吳氏習醫，長時間懸壺濟世，服務病患，因此較少機會服務公職，僅當過 5 年斗六鎮鎮長，但因吳氏平日熱心公益，服務鄉梓，且個性豁達大度，因而為地方人士所敬重。民國 40 年，臺灣實施地方自治，辦理地方縣市長選舉時，吳氏乃參與競選，最後擊敗廖昆金，當選首任民選縣長。[23]

林金生則是嘉義縣人，畢業於日本東京帝國大學法學部，學成返台後，即服務地方。光復初期，林氏擔任台南縣民政課課長，繼調任嘉義縣東石區區長，以及雲林縣虎尾區區長。民國 40 年，臺灣實施地方自治公職人員選舉，林氏應地方父老敦促，參與嘉義縣第一屆縣長選舉，先後舉行兩次投票，卒以最大多數票獲得當選。任內明確樹立公正廉明之

22 紀俊臣、陳陽德：《臺灣地方自治人物誌（縣市長篇）》，頁 87。
23 許雪姬總策畫：《臺灣歷史辭典》（臺北市：行政院文化建設委員會發行，2004 年 5 月 18 日，第 1 版第 1 刷），頁 354。

政風，並完成地方民眾組訓工作；一面並加強改善漁、鹽業者及佃農之生活，著手普遍振興商業，圖謀縣市鄉鎮平均發展，成績卓著。[24]

至於台南縣所選出的高文瑞，畢業於臺灣總督府國語學校師範部，曾擔任國小教師 5 年，民國 9 年以後轉入實業界服務，擔任取締役組合長等職務。在日治時期曾任佳里街長，達 12 年之久。民國 38 年，任曾文區區長暨台南縣教育會理事長，對台南縣之教育事業貢獻良多。[25]

民國 40 年，臺灣省各縣市實施地方自治，高氏參與競選，經鄉親們之支持，當選第一屆台南縣縣長，並獲連任，至 46 年始卸任。在縣長任內，對地方事務建樹頗多，尤其對文化保存工作不遺餘力。[26]

屏東縣所選出的張山鐘，是此次選舉中，第 2 位以醫生身份出馬競選的候選人，張氏畢業於臺灣總督府醫學校，其後復研究人類學而獲得臺北帝國大學博士學位。先後在臺北和屏東兩府立醫院任職，民國 8 年在家鄉萬丹開設東瀛醫院，懸壺濟世。光復後，張氏出任公職，曾任萬丹區區長、屏東市參議員，以及高雄縣區域後補參議員等職。民國 40 年，參加屏東縣首屆民選縣長選舉，在第 2 次投票時全縣投票人數有 15 萬餘人，張氏獲得 9 萬餘選民之支持而當選。[27]其在縣長任內殫精竭力，盡智盡能，致力建設，並循序推動

---

24 民族文化出版社編輯委員會編輯：《自由中國名人實錄》，頁 77。
25 紀俊臣、陳陽德：《臺灣地方自治人物誌（縣市長篇）》，頁 121。
26 許雪姬總策畫：《臺灣歷史辭典》，頁 685。
27 同註 24，頁 149。

地方自治，成效卓著，奠立屏東縣發展之良好基礎。[28]

謝掙強係澎湖縣人，少時負笈日本，就讀慶應大學，但對日本軍閥之囂張非常痛憤，早懷報國之壯志，未及畢業即返回臺灣，從事光復臺灣之運動。34 年，抗戰勝利，臺灣光復後，謝氏返回臺灣工作，先後擔任過的職務有新竹州接管委員、台南縣新化區區長、嘉南大圳水利組合新化區主任、虎尾區署區長、後升爲官派嘉義市長，任內頗多建樹。36 年，代表澎湖縣當選爲行憲國民大會代表。40 年，臺灣省實施地方自治，謝氏參與競選高雄市首屆民選市長，以 4 萬 9 千餘票當選。

此外徐崇德、洪榮華、陳振宗、楊仲鯨、楊基先、葉廷珪等 6 人，雖未曾擔任過地方首長，但均曾在日治時期擔任過日政下的公職或光復後在臺灣省政府所屬機關內任職。如，徐崇德於淡水中學畢業後，東渡日本，在京都立命館大學法律科深造，學成後返回故鄉，服務鄉里，先後擔任地方方面委員、壯丁團團長等職。臺灣光復後，轉入新聞界工作，由於在桃園縣服務了 20 餘年，與地方人士建立了良好的關係。因此，當桃園縣開始實施地方自治，舉辦首屆民選縣長時，徐氏乃在地方父老鄉親擁戴下參加競選，其所發表政見內容揭示三大目標，即配合軍事、建設地方、便利人民，最後終能獲得絕大多數選民的支持而順利當選。[29]

洪榮華，係高雄縣人，於日本東京帝國大學農學部農經

---

28 東南文化出版社編輯委員會編輯：《南臺灣人物誌》（台中市：東南文化出版社，民國 45 年 12 月 20 日），頁 3。
29 民族文化出版社編輯委員會編輯：《自由中國名人實錄》，頁 105。

科畢業後即返台服務，在臺灣總督府台南州廳以及高雄州廳擔任農業技術職務，因其辦事認真，表現優異，被提升爲薦任總督府地方技師，成爲臺灣農業權威者之一。迨民國 34 年 10 月，臺灣光復後，遂被派爲高雄州接管委員會產業部長，以及高雄縣政府民政局建設課長。翌年，高雄縣政府成立，遂被委任爲建設局長。[30]

由於洪榮華在建設局長 6 年任內致力於地方建設，如米穀增產、縣境道路橋樑之修治、以及協助水利興修。成績卓著，建樹輝煌，深受縣民敬愛，因此有「水利專家」、「農民之友」的美譽。[31]民國 40 年 3 月，高雄縣依臺灣省市實施地方自治綱要之規定，進行第一屆縣長選舉，經獲國民黨提名參選，並全力輔選之，最後終能擊敗余登發，以及時任縣政府民政局局長的陳新安，而順利當選高雄縣首任民選縣長。

陳振宗係台東縣人，臺灣總督府國語學校師範乙科畢業。曾在台東公學校任教，並擔任訓導工作。由表五「縣市長當選人名單」之經歷欄內可以看出，陳氏曾當過台東街協議會員以及方面委員等職，此皆屬公職，這也是陳氏在當選縣長前唯一擔任過的公職。光復後，復當選縣議員、議長、農會理事長，以及省參議員等職。36 年，當選第一屆國民大會代表，晉陞爲中央級民意代表。

由於陳氏長時間的經營地方，擁有相當豐富的人脈，因此在此次縣市長選舉中，能夠擊敗眾多的好手，而榮登縣長寶座。

30　民族文化出版社編輯委員會編輯：《自由中國名人實錄》，頁 89。
31　東南文化出版社編輯委員會編輯：《南臺灣人物誌》，頁 124。

楊仲鯨則於 14 歲時赴日本神戶市染料試驗會社學習染料技術，學成後返回臺灣，不久又赴福州鶴齡英華教會書院就讀，在校期間，由於憤恨日人之統治臺灣，呼籲同學協助抗日，光復臺灣，事為日本駐福州領事知悉，派密探拘捕，楊氏幸得書院院長高智博士（Dr.Gowdy）先生之助，始免於難。其後高智先生復助其赴美留學，先入鐵兒頓（Tilton）中學完成中學課程，後再入南達科達礦業大學及卡路禮路專科學校，專攻採礦冶金，前後在美有 9 年之久。[32]

臺灣光復後，楊氏出任臺灣行政長官公署民政處專員，策畫山地行政，37 年奉派兼任省立花蓮山地職業學校校長，是年秋，山地行政改制，調任山地行政處視察仍兼校長職。39 年，臺灣省實施地方自治，受地方父老及好友之敦促，出而競選花蓮縣長，受到縣民之愛戴，於第二輪投票時，反敗為勝，擊敗國民黨提名之林茂盛，當選臺灣自治史上第 1 位花蓮縣民選縣長。[33]

台中市長當選人楊基先係台中縣清水鎮社口庄人，在臺灣完成初等學校教育後隨即赴日留學，民國 14 年進入日本東京大學法科就讀，研習近代法律思想。16 年，通過日本高等文官考試（司法科），實屬難得。翌年畢業後返回臺灣，隨即擔任清水街役場書記一職，此可說是他生平第 1 次擔任公職。不久即轉居台中市執業律師，結束了短暫的公職生涯。

---

32 照史著：《高雄人物評述》，第一輯（高雄市：春暉出版社，民國 72 年 10 月 15 日初版），頁 135、136。

33 按花蓮縣、台東縣係最早辦理地方自治選舉之縣份，其所選出之縣長自然是臺灣自治史上第一位民選縣長，見《臺灣地方自治人物誌（縣市長篇）》，頁 159。

臺灣光復後，即思從政，爲民服務。因此當民國 39 年 12 月，台中市依政府規定，實施第一屆民選市長選舉時，楊氏乃決定參與競選，由於楊氏在臺中市早已是地方上的知名人士且甚爲民眾擁戴，最後獲得選民的支持，以高票當選第一屆台中市長。[34]

葉廷珪台南市人，曾留學日本，畢業於日本明治大學法學部，畢業後復入該校法學部研究室專攻憲法 2 年，因此法學造詣頗深。迨學成返回臺灣後，曾有短暫時間從商外，其餘時間均積極投入台南市政治活動，曾兩度當選台南市會民選議員，並歷任台南市參事會會員、保正，此乃葉氏在光復前所擔任過日政下的公職。

臺灣光復後，除了當選台南市參議會議員外，並積極投身民間公益活動，擔任延平郡王祠管理委員會總幹事兼副主任委員等職。因此與民間友人建立了良好的關係，其後臺灣實施地方自治，舉辦首屆民選市長，葉氏即參加競選，競選時揭櫫其政見，以「爭取反共抗俄勝利，實現國父三民主義」爲鵠的。[35]最後在第 2 次投票時，終以高票擊敗對手，順利當選台南市首屆市長。

二、文化界

此處所謂的文化界，泛指一切與從事文化事業的人，包

34 陳瑤塘主編：《清水鎮志》（清水鎮：清水鎮公所發行，民國 87 年 8 月 25 日出版），頁 484。
35 民族文化出版社編輯委員會編輯：《自由中國名人實錄》，頁 197。

括新聞記者、編輯人員、報紙雜誌的發行人或董監事、作家、詩人等。[36]自然也包括從事音樂工作，教學或藝術創作的人在內。

因此就以此標準而論，本次所選出的 21 位縣市長人選中，符合此一條件的共有 4 人，所佔的比例是 5.5%，他們是桃園縣的徐崇德、台中縣的林鶴年、台東縣的陳振宗，以及臺北市的吳三連。由表五「縣市長當選人名單」所列之經歷欄中可以看出，曾擔任過記者或報社主任、支局長的有 3 人，分別是徐崇德、陳振宗和吳三連，另一位林鶴年則從事音樂教學等方面之工作。

前曾言及，徐崇德畢業於日本京都立命館大學法律科後，即返回鄉里服務，在地方上甚爲活躍，在產業界也有相當之成就。光復後轉入新聞界工作，先後擔任過桃園記者公會理事、全民日報社桃園分社主任。而陳振宗僅在日治時期擔任台東《新報社》支局長，光復後則未再從事新聞工作，反而活躍於民間社團。35 年當選台東縣參議會議員，並獲同仁推舉爲議長，同年復當選省參議會議員，從此就踏上了政治之路，並與政治結下不解之緣。

吳三連則是在日本東京商科大學畢業後，進入大阪《每日新聞社》擔任記者，長達 7 年。民國 21 年《臺灣新民報》創刊，吳氏乃返回臺灣籌辦，其後出任該報東京支局長，直到民國 29 年，因反對日本廢止漢文及抗議日本賤價收買臺灣米穀之統制政策，避居天津經商爲生。[37]由於吳氏有很長一

36 李筱峯：《臺灣戰後初期的民意代表》，頁 118。
37 民族文化出版社編輯委員會編輯：《自由中國名人實錄》，頁 43。

段時間在新聞界工作，自然有相當豐富的新聞專業工作經驗，民國 48 年在台南幫企業資金支持下，參與《自立晚報》之經營，任發行人，在臺灣開放報禁（民國 77 年）之前，爲真正具有民間立場，批評時政之最重要媒體。[38]

此 3 人由於長時間從事新聞工作，容易與地方人士建立良好的人際關係，因此一但參與競選，自然能夠贏得廣大民眾的支持而順利當選。

至於林鶴年，係出霧峰林家望族，素有「音樂縣長」之稱。[39]他於台中一中就讀約兩年，即赴日本東洋專門學校留學，民國 31 年自該校畢業，抗戰勝利後第 2 年，協助台籍日本兵一千餘人安全返回臺灣，這些返台同胞，自然對林氏感激不盡，因而奠下他本人日後參政的群眾基礎。[40]其後不久，林氏與其夫人亦隨團返回臺灣，37 年 5 月，自行創立「臺中市音樂學會」，並擔任台中師範、台中農學院音樂教授，對音樂教育之推廣不遺餘力。

由於林氏平日熱心公益活動，因此深受鄉親百姓愛戴，民國 40 年 4 月，政府還政於民，舉辦全臺灣省首屆縣市長之選舉，受好友之鼓勵，毅然參與競選，在第二輪投票時，獲得國民黨之支持，加上各派系整合成功，遂以多數選票當選第一屆縣長。[41]

---

38 吳三連口述、吳豐三撰記：《吳三連回憶錄》，頁 167、168。
39 林祚堅撰：《臺中縣地方自治史料彙編》（臺中縣：臺中縣立文化中心編印，民國 83 年 6 月出版），頁 34。
40 同前註，頁 37。
41 紀俊臣、陳陽德：《臺灣地方自治人物誌（縣市長篇）》，頁 64。

三、工商企業界

此次所選出的縣市長，曾在工商企業界服務過的有 8 人，所佔的比例是 11%，可謂人數不少。他們是宜蘭縣的盧纘祥、桃園縣的徐崇德、新竹縣的朱盛淇、台南縣的高文瑞、屏東縣的張山鐘、臺北市的吳三連、台中市的楊基先，以及台南市的葉廷珪。

此處所謂的工商企業界，是指工、商、礦等相關的各行業之實業主，以及大小公司的經營者。因此，凡在此等行業服務過或自行創業的企業家均屬之。由表五「縣市長當選人名單」中之經歷欄內可以看出，擁有董事長或總經理頭銜的共有 4 人，分別是盧纘祥、朱盛淇、吳三連和葉廷珪。

盧纘祥除了早期經營「榮興商行」、「建豐商行」外，還擔任「福泰產業公司」董事長。朱盛淇不但是新竹縣第二信用合作社之理事會主席，也擔任「福泰產業公司」董事長。吳三連則在民國 30 年赴大陸平津開設「合豐貿易行」，擔任總經理一職。[42]葉廷珪可說是工商界鉅子，不但是東亞產業公司董事長，還擔任東亞信託株式會社及興南工業株式會社社長、廣泰行總經理等職務。[43]由此可知，這 4 人在未當選縣市長前，可說是真正從事工商企業的經營者，並以企業主的身分參與競選。

其他幾位如徐崇德，曾擔任業佃會總代表、福安煤炭公

---

42 吳三連口述、吳豐山撰記：《吳三連回憶錄》，頁 98。
43 民族文化出版社編輯委員會編輯：《自由中國名人實錄》，頁 197。

司的董事；高文瑞則擔任製藥株式會社的取締役（常務董事）；張山鐘亦擔任大正實業株式會社監查役，此 3 人或許是該公司的投資股東，或是該公司聘其擔任此一職務，並非真正的經營者。

而楊基先由表五「縣市長當選人名單」之經歷欄中可以看出曾擔任新高都市開發會社社長，如此楊氏自屬工商企業界的成員之一，與工商企業界自是有所關聯。然由楊氏之所學可以看出，其所從事之行業理應與法律有關，不應走向工商企業界才是，因此他的出任社長一職，不知是否該公司欲借重其既有的法學專業知識，聘其擔任此一職務，抑或只是一虛名而已。

由以上之論述可以看出，此次當選之縣市長有 8 人曾在工商企業界服務過；而民國 36 年所選出的第一屆行憲國大代表中亦有 9 人具此一背景，[44]人數都算是很多，由此也可看出，臺灣自光復以後，工商企業界人士也是非常熱衷於政治活動的，他們雖在企業界都擁有相當的聲望和地位，但仍希望能在政壇上佔有一席之地，所以想藉由選舉而登上仕宦之途。因此，當政府舉辦選舉，工商企業界人士自是不願放棄此一大好機會，而紛紛參與競選。所以政治舞台永遠少不了這批企業主，也因為有他們的參選，政壇上也永遠是熱熱鬧鬧的。

44 第一屆行憲國大，臺灣省共選出 27 位代表，其中曾在工商企業界服務過的有 9 人。見李南海：《民國 36 年臺灣省行憲國民大會代表選舉之研究》（臺北市：文史哲出版社印行，民國 99 年 12 月初版），頁 98。

四、社會服務工作

此次所選出的 21 位縣市長，由表五「縣市長當選人名單」之經歷欄中可以看出，每一位縣市長在其當選前都曾從事過許多不同類型的職業。然不論其從事何種工作，只要是屬於服務社會大眾，且與政治無任何關係的，均屬此一範圍。因此，符合此一條件的共有 7 位縣市長，他們分別是宜蘭縣的盧纘祥、桃園縣的徐崇德、台中縣的林鶴年、台東縣的陳振宗、臺北市的吳三連、基隆市的謝貫一，以及台南市的葉廷珪，所佔的比例是 9.6%。

盧纘祥少時即立志要服務社會，爲人民謀福利，[45]由表五經歷欄中可以看出，盧氏的經歷非常豐富，曾擔任過各種不同之職務，累積了不少人脈，其對宜蘭縣貢獻最大的就是出任新蘭陽建設促進委員會會長，積極爭取宜蘭的獨立設縣，最後終於能在民國 40 年設縣成功。此外，並協助政府推行「三七五減租」，對地方建設貢獻良多。由於平日爲人公正廉明，熱心公益事業，深爲縣民擁戴，[46]所以在民國 40 年首屆縣市長選舉時，獲得縣民之支持，而當選首任民選縣長。

徐崇德在京都立命館大學畢業後，隨即返回家鄉服務，除了前曾言及擔任福安煤炭公司董事、縣農會委員外，其餘時間均服務鄉梓，先後擔任地方方面委員、壯丁團團長、業佃會總代表等職，這些均可說屬服務性之工作。光復後，復

45 民族文化出版社編輯委員會編輯：《自由中國名人實錄》，頁 249。
46 同前註。

轉入新聞界工作，前後在該縣服務二十餘年。由於徐氏平日待人誠懇，處世穩重，極富幽默感，故桃園縣民對其極具好感，因此當桃園縣舉辦民選縣長時，地方父老均一致擁戴其參加競選，最後終獲多數選票而順利當選。

至於林鶴年一生中多從事社會公益活動，如，抗戰勝利後，當時滯留在日本的台籍日本兵有一千餘人，林氏以其與美軍總部的關係，將此一千餘人組織起來，由其出任團長，爭取交通運輸船隻，於民國 55 年將她們全部安全運回臺灣。民國 37 年 5 月，與夫人返回臺灣後，即從事教學與音樂推廣工作，除了自資籌設「台中市音樂協進會」外，並擔任中國廣播公司音樂顧問、國防部政治部音樂宣傳委員等職。

39 年 4 月 25 日，爲響應先總統蔣公救濟大陸災胞號召，協助陳果夫作曲，及舉辦「鶴林歌詠」發表會。爲此，陳果夫特在報紙上撰文，加以讚揚，認爲音樂教育可以增進國民的文化品質，[47]此外，復擔任大屯區警民協會理事長，都可以看出林氏爲民服務的精神與熱忱。

而台東縣之陳振宗在地方上屬活躍之人物，在未擔任縣長前即在民間擔任許多社會團體之委員或顧問等職務。如，台東縣人民自由保障委員會主任委員、台東縣自治協進會員、日產處理委員會委員、善後救濟總署臺灣救濟分署審議委員會委員、台東縣獎學會委員、台東縣土地調查委員會委員等職。因此，陳氏在踏入政壇前，因長時間活躍於民間社會團體，且其爲人熱忱、肯勇於負責與擔當，常在機關團體

47 林祚堅撰：《臺中縣地方自治史料彙編》（臺中縣：臺中縣立文化中心編印，民國 83 年 6 月出版），頁 38。

中居負責人的角色。如此長時間的經營地方，不僅累積了良好的人際關係，也對其往後的從政之路有不少的助益。所以，在民國 36 年能夠順利當選第一屆行憲國民大會代表。此次縣市長選舉，也能順利當選，都與此有密切的關係。

臺北市的吳三連，前曾言之，早年有很長一段時間從事新聞工作，擔任記者。自從服務社會以來，經常參加各種民族運動，反抗日本壓迫殖民地之政策，其中尤以反對廢止漢文及抗爭日本賤價收買臺灣米穀之統治政策爲日本當局所嫉視，被迫逃避至天津，經營商號。抗戰勝利後，被推爲平津臺灣同鄉會會長，當時流落平津臺灣同鄉約有三千餘人，貧苦無依，難以維生，吳氏乃解衣推食，幫助生活，更以服務大眾之精神，奔走呼籲，請求有關方面援助遣送台胞回鄉，經過一年時間，終於完成任務，順利將這些臺灣同胞遣送回台，[48]受惠之台胞，回台後仍不忘其功德，因而獲廣大民眾之愛戴。民國 36 年，政府實行憲政，吳三連乃以 23 萬餘票當選第一屆行憲國大代表，其後並擔任官派臺北市長。39 年臺灣省開始實施地方自治，各縣市民意代表及縣市長均將普選，吳氏復參與臺北市長之選舉，並順利當選第一屆民選的臺北市長，這些都可以看出他的施政能力以及平日爲人的表現。

基隆市選出的謝貫一，出身軍旅。前曾言之，早年在四川與貴州兩省，興修水利，灌溉農田，造福鄉里，人人稱讚。抗戰勝利後，先後擔任行政院善後救濟總署、廣西及安徽兩省之分署副署長，經常深入災區，救濟難胞，搶救幾百萬因

48 吳三連口述、吳豐山撰記：《吳三連回憶錄》，頁 106。

戰禍水災流離失所之難民，使之安居，可謂貢獻良多。[49]

由於在任職期間，表現優異，政府於民國 38 年遷至臺灣後，謝氏奉命主持基隆市政。迨政府實施地方自治，彼等復被國民黨推薦爲市長候選人，其後並連選連任兩次，這些都是足以說明謝氏的表現是受人肯定的。

而台南市選出的葉廷珪，早年留學日本，畢業後即返回家鄉服務，除了在工商企業界和政壇上甚爲活躍外，也積極參與民間團體之活動，先後擔任延平郡王祠管理委員會總幹事兼副主任委員、台南警民協會開山分會名譽會長等職，這些職務對其本人往後的從事政治活動都有很大的幫助，是以其前後共當選上第一、三、五，三屆民選縣長。

因此，我們由以上之分析可以得知，這些縣市長在未當選前都參與許多民間組織，並擔任重要職務，因爲只有參與民間團體活動，才容易與民眾接觸，打成一片，博得感情，進而獲得選民的支持，並贏得選票。

五、農、漁、水利、合作等事業

此處所指的農、漁、水利，以及合作事業，係指曾在農會、漁會、水利會，以及各地之信用合作社等單位服務過，且擔任幹部者。因此，在此次所選出的縣市長中，具有此種身分的有 12 人，所佔的比例爲 16.4%，是所有的縣市長所從事的各項職業中次多的一項。

在此 12 人中，曾從事農業開墾，以及在農會系統（包括

49 民族文化出版社編輯委員會編輯：《自由中國名人實錄》，頁 255。

農會、山林會、畜產會等大規模全省性的組織）服務過的人數有 7 人，分別是宜蘭的盧纘祥、桃園縣的徐崇德、南投縣的李國楨、台南縣的高文瑞、台東縣的陳振宗、花蓮縣的楊仲鯨，以及台南市的葉廷珪。盧纘祥曾任宜蘭縣農會理事長、徐崇德任桃園縣農會理事、李國楨任台中農會副會長、高文瑞任佳里農事改良組合長、陳振宗則擔任台東縣農會理事長、臺灣省農會理事。而楊仲鯨和葉廷珪兩人雖未在農會擔任任何職物，但楊仲鯨曾在米崙購買土地 50 餘甲從事土地開發，並創立玉我山莊及農場。[50]葉廷珪則曾經自營恆隆農場。早在清宣統元年（1909），日本人即將臺灣各地農會改組爲法人團體，人民凡有田園、牧場、山林、原野，以及經營農林業者，均需加入農會爲會員。[51]因此，楊仲鯨和葉廷珪雖未在農會或相關單位服務過，但因自行經營山莊及農場，所以也將其納入此一範圍內，自屬農會一份子。

此外，這 5 位曾在農會擔任過職務的縣市長，在當時均被認爲是「做爲農會組織中的重要幹部的民意代表，必然多爲擁有田產的地主」。[52]而且他們與農會一向都維繫著良好的關係。

至於在漁會方面，曾在漁會團體服務過的，只有盧纘祥和陳振宗兩人。據表五經歷欄內之記載，盧纘祥曾擔任臺北縣漁會理事長，並曾從事其他漁業工作。而陳振宗除了擔任

50 《臺灣人士鑑》（臺北市：興南新聞社編，昭和 18 年 3 月 15 日發行），頁 419。

51 《改進後臺灣省各級農會》（基隆市：民眾日報編印，民國 45 年 8 月 5 日），頁 1。轉引自李筱峯：《臺灣戰後初期的民意代表》，頁 117。

52 李筱峯：《臺灣戰後初期的民意代表》，頁 117。

台東縣水產公司負責人外，並經營漁業、柴魚製造等事業，可說是真正從事漁業生產與製造的當事人。然，不論是農會抑或漁會，這些擁有理事或理事長頭銜的人，均在地方上有一定的影響力。因此，他們若參與地方公職人員的選舉，不但能夠掌握部份基本票源，更可利用既有的聲望和地位，獲得選民的支持，其選舉結果，往往是無往而不利的。

在水利事業方面有 3 位縣市長曾擔任過此類之工作，分別是台南縣之高文瑞、基隆市之謝貫一，以及高雄市之謝掙強。

謝貫一在民國 25 年和 27 年分別在四川與貴州兩省推行鄉村建設工作，亦興辦水利工程，不但解決缺水問題，也造福當地百姓，此在前已論述過，在此不再多述。由於有良好的政績表現，38 年當政府遷台後，隨即奉派擔任基隆市長。其上任後，銳意建設地方，當時基隆市也發生水荒問題，爲了解決此一嚴重問題，乃開闢第二水源地，暫時解決了此一嚴重問題，可謂貢獻良多。[53]

而高文瑞和謝掙強亦曾擔任過嘉南大圳水利組合會長和主任職，並負責嘉南地區水利灌溉之事宜。此三人中，謝貫一可說是實地策畫參與水利工程之建設，以及農田灌溉之事宜。而高文瑞和謝掙強真正負責嘉南大圳水利組合之業務，自然也包括農田水利灌溉之事宜。

至於在信用組合方面，我們由經歷欄中可以看出，有 5 位縣市長在早期曾擔任各地信用組合之組合長或光復後之理監事。分別是宜蘭縣的盧纘祥、新竹縣的朱盛淇、台南縣的

53 楊舜主編：《中國臺灣名人傳》，頁 113。

高文瑞、屏東縣的張山鐘，以及台東縣的陳振宗。民國 38 年各鄉鎮之合作社又併入農會，[54]是以今日各鄉鎮地區之農會皆兼辦信用貸款業務，即是此一原因。

六、醫　生

此次當選的縣市長中，只有雲林縣的吳景徽和屏東縣的張山鐘兩人是出自醫界，都是擁有醫學博士學位的縣長，所佔的比例是 2.7%。

由於兩人之學經歷在前都有所說明，在此不須再多加贅述。但由表五學經歷欄中可以看出，吳景徽是到日本留學取得博士學位後再回國，而張山鐘並未出國留學，僅在島內接受教育。兩人所受教育之地點不同，但往後之發展卻有多處相同。如，兩人於醫學校畢業後，均返回家鄉開設醫院，懸壺濟世。光復後吳景徽擔任斗六鎮鎮長，張山鐘擔任萬丹鄉鄉長，開始踏入政壇。迨民國 40 年臺灣開始實施地方自治後，兩人均在地方人士支持下，登記參加首任民選縣長之選舉，均獲得當選。唯一不同的是張山鐘於臺灣總督府醫事學校畢業，行醫數年後，再赴臺北帝國大學深造，在日本解剖學專家金關丈夫的指導下，研究屏東赤山地區的平埔族，並將研究成果發表在《民族學雜誌》，成為臺灣人研究體質人類學的先驅之一，[55]也因此而獲得醫學博士學位。

再者，我們要了解的是，這次所選出的 21 位縣市長，只

54 李筱峯：《臺灣戰後初期的民意代表》，頁 116。
55 許雪姬總策畫：《臺灣歷史辭典》，頁 734。

有兩人是學醫的，而36年臺灣省行憲國大代表選舉所選出的代表中，也只有 3 人是學醫的，[56]人數都很少，這都說明了日據時代之後期，由於時代和環境的轉變，臺灣赴日求學的學生中，學習醫學的人數日漸減少，學習法政科和政經類的則較多。而吳、張兩人，雖受的是醫學教育，但對政治仍懷抱著一份熱情，是以當初他們走上醫學之路，或許與日據時期日本的殖民統治有關。陳揚德在其論著：《臺灣地方民選領導人物的變動》一書中提及：「由於日本殖民式的限制教育，不但受高等教育者數量有限，而且限定讀法政社會科學以外的科系，使得許多青年學子不得不扭曲自己的志向，隱藏自己的興趣，改讀醫科、師範、農科等日本殖民體制下的科系。一旦光復開放地方政治舞台後，許多在日制教育下攻讀這一類科系的人紛紛參政，競選地方公職，尤其是醫生特別明顯。在臺灣爲數不多的醫生卻到處可見醫生從政的現象……，由此亦可見醫生在光復後民選初期裡是多麼活躍於地方政治舞台了」。[57]

李筱峯在其論著中也提到，光復初期所選出的縣市參議員或省參議員中，醫生所佔的比例還算很高，但在中央級民意代表中，醫生所佔的比例則逐漸下滑。[58]由此可以看出，

---

56 李南海：《民國36年臺灣省行憲國民大會代表選舉之研究》，頁106。

57 陳陽德：《臺灣地方民選領導人物的變動》，頁180、181。

58 光復初期，所選出的縣市參議員共有740人，其中醫生出身的有153人，所佔的比例爲20.68%；省參議員共選出47人，其中有9人是醫生，所佔的比例爲19.15%；中央級民意代表共選出56人，有8人出身醫生，所佔的比例是14.29%，有下滑的趨勢，見李筱峯：《臺灣戰後初期的民意代表》，頁110、111。

愈往高層發展，所選出的代表中，出身醫界的也愈少。

七、教育界

在此次所選出的第一屆縣市長中，曾在教育界服務過（包括校長、教師、學校董監事）的共有 8 位，分別是盧纘祥、朱盛淇、賴順生、林鶴年、高文瑞、陳振宗、楊仲鯨、以及謝貫一等，所佔的比例是 11%。

這 8 位縣市長擁有大學學歷的有 5 人，且都留學國外，他們是朱盛淇、賴順生、林鶴年、楊仲鯨、謝貫一。其中朱盛淇、賴順生、林鶴年 3 人留學日本，楊仲鯨與謝貫一留學美國。其他如，盧纘祥、高文瑞和陳振宗 3 人則在島內接受教育。

朱盛淇早年就讀臺北師範學校，畢業後返回家鄉，任教 3 年，後考入東京日本大學專門部法科就讀。民國 23 年畢業後參加高等文官考試，通過行政、司法兩科高等考試，其後在東京擔任辯護士，並在日本大學擔任兼任講師。[59]

賴順生於新竹中學畢業後留學日本，畢業於東京大學教育系，曾任日本厚生大學社會事業研究所研究員，以及大學教授。臺灣光復後返回臺灣從事教育工作，擔任大成中學校長，並兼任臺灣省立師範學院教授。[60]

至於林鶴年、楊仲鯨、謝貫一等 3 人之學歷在前已論述過，在此不再多論，只是謝貫一是此次當選的縣市長中學歷

---

59 民族文化出版社編輯委員會編輯：《自由中國名人實錄》，頁 32。
60 紀俊臣、陳陽德：《臺灣地方自治人物誌（縣市長篇）》，頁 51。

最高的一位縣長。

在島內接受教育的3人中,盧纘祥雖僅有頭城公學校之學歷,但畢業後復入正軒書院研讀。幼時即隨吳祥輝、李文樞等學習漢學詩文,民國15年糾合同好組織登瀛吟社,並出任社長。[61]因此盧氏自小即打下深厚的漢學基礎。

而高文瑞和陳振宗畢業於日據時代總督府辦的國語學校師範部,這是爲培養師資而設的養成機構,尤其是師範部乙科,專收本省學生,入學資格以公立學校畢業或具有公學校同等學力者,修業年限爲3年。民國8年4月,日本總督府復將國語學校改設爲臺北師範學校,[62]朱盛淇即是畢業於改制後的臺北師範學校,後又赴日本求學。是以當選本屆縣市長中,真正出身於師範體系的只有高文瑞和陳振宗兩人。

由以上之論述可以了解,5 位留學國外的縣市長中,學習法政的有朱盛淇和謝貫一兩人,而林鶴年則學習音樂,賴順生學習教育,楊仲鯨學習礦業,各有所長。然就其經歷而論,此8位縣市長曾當過校長的有4人,分別是盧纘祥、朱盛淇、賴順生以及楊仲鯨,他們所擔任的都是中學校長。其中盧纘祥雖只是小學學歷,但在頭城鄉長任內重視教育發展,一手創辦頭城中學,教育地方青年,地方人士乃一致推其兼任校長一職,因此其對教育之貢獻是有目共睹的。其他如朱盛淇擔任過新竹縣義民中學校長;賴順生擔任過苗栗縣大成中學校長;楊仲鯨擔任過花蓮縣山地職業學校校長,他

61 莊英章、吳文星纂修:《頭城鎮志》,頁413、414。

62 汪知亭:《臺灣教育史料新編》(臺北市:臺灣商務印書館股份有限公司發行,民國67年4月初版),頁99、101。

們都有很好的成績表現。

除此之外，朱盛淇、賴順生、林鶴年、謝貫一等 3 人曾在大學任教，而在小學任教過的有朱盛淇、高文瑞和陳振宗等 3 人。是以此次所選出的縣市長中，出身師範教育的人數不多，因縣市長之職務與一般地方民意代表之職務不同有關，必須要有較高的專業知識和行政經驗較易處理縣政。但不可否認的是在光復初期，師範教育體系出身而當選地方民意代表的比例很高，尤其是民國 40 年到 43 年更是如此。就以縣市參議員的選舉而言，在 740 位當選代表中，出身教師的有 136 人，所佔的比例為 18.38%；省參議員有 9 人出身教師，佔 47 名省參議員的 19.15%；但中央級民意代表的選舉，只有 7 人當選，所佔的比例下降很多，佔 56 名中央民意代表的 12.50%，[63]可見地方級的民意代表仍然是以師範教育出身的人數為最多，這也說明了這是日治時代日本在台實行殖民教育政策之使然，[64]而政府也樂見教師參與競選，實因當時政府在臺灣重建之初，基礎未穩定之時，最需要依賴中小學教師這一階層。[65]再者，本節所論述之教師與前節所論述之醫生，都是擔任地方民意代表人數最多的兩種職業。因此「醫學校及師範學校等不僅僅是培養專業人才的機關，同時也是孕育臺灣社會領導階層的搖籃」，[66]這確實是不可否認的。

63 李筱峯：《臺灣戰後初期的民意代表》，頁 112。

64 同前註，頁 102。

65 陳明通：《威權政體下臺灣地方政治菁英的流動（1945-1986）》（國立臺灣大學政治研究所博士論文，民國 79 年 12 月），頁 273。

66 吳文星：《日據時期臺灣師範教育之研究》（臺北市：國立臺灣師範大學歷史研究所專刊（8），民國 72 年元月初版），頁 2。

八、律　師

此次所選出的21位縣市長,曾擔任過律師一職的只有兩人，他們是新竹縣的朱盛淇和台中市的楊基先，所佔的比例也是2.7%。

前曾言及，本次所選出的縣市長中，大學法律系畢業的有6位，分別是徐崇德、朱盛淇、李國楨、林金生、楊基先、葉廷珪等，且都留學日本，畢業於日本各大學。然真正走上律師之途的，只有此2人。實則律師一職係專門職業，非有專業之法律知識是無法勝任的，且必須通過律師執照考試，方有能力執業，確實不容易。

由於日治時期，日本政府在臺灣實施殖民式的限制教育，因此，雖設有醫學校和國語學校，但並未在臺灣設置有關法政類的專門學校。所以在臺灣無從培育出此類之人才，青年學生乃不得不赴日求學。自然，從事律師一職的人數也較少，是以這些出身律師的臺灣青年，皆可謂爲當時社會上的一時之選。[67]據統計，光復初期有多位律師走入政壇，擔任民意代表,已知姓名的就有11人,其中只有兩人是中央級民意代表，一爲陳逸松(國民參政員),一爲林連宗(省參議員、制憲國大代表),其餘9人中有5人任縣市參議會的正副參議長，而朱盛淇即是其中之一人，時任新竹縣參議會副議長。由此可見，光復初期民意代表中，具律師身分者，多爲

67 李筱峯:《臺灣戰後初期的民意代表》，頁123。

議會中之要角。[68]

朱盛淇在日本大學法科畢業後，通過行政、司法兩科高等文官考試後，即在東京擔任講師及辯護士，由於表現優異，獲得日本人之好評，並對其評價極高，自然對其以後事業發展甚有幫助。民國 25 年返台後，在新竹執律師職務，由於為人公正，正氣凜然，且不畏日本權勢，始終為同胞維護權益，深受臺灣同胞之欽服景仰。自民國 26 年起，先後擔任新竹州議會議員達 8 年之久，表揚民意，貢獻良多。

此外，朱氏於光復後復被政府當局禮聘為臺灣省司法保護會總幹事，並擔任新竹第二信用合作社理事會主席，及福泰產業公司董事長等職。因此，朱氏無論在法界、教育界以及工商企業界多有所建樹，深獲好評。迨臺灣省實施地方自治，經地方人士再三敦促，參加新竹縣長選舉，終獲壓倒性勝利，高票當選。[69]

至於楊基先於，台中一中畢業後，亦赴東瀛留學，其與朱盛淇相同，就讀日本大學法學部，畢業後亦通過日本司法科高等文官考試。迨返回清水故居後，曾擔任短暫的公職，隨即轉居台中市，從事律師執業，垂二十餘年。

由於楊氏於執業期間，認真負責，且口才極佳，雄辯滔滔，不畏權勢，加以學識豐富，思路靈活，辦案公正無私，並以濟國扶傾為職志，因此深獲一般市民之讚許，很快的就成為台中市知名的律師之一。不久臺灣光復，楊氏即思從政，繼續服務市民。不久，政府宣布地方自治，開放市長民選，

68 李筱峯：《臺灣戰後初期的民意代表》，頁 124。
69 民族文化出版社編輯委員會編輯：《自由中國名人實錄》，頁 32。

楊氏即受市民之擁戴，參與競選，並以高票當選本屆之市長。

九、議員（民意代表）

在議員方面，係指曾在日治時期擔任過街庄協議會會員、州市會會員，以及臺灣光復初期各縣市參議員、省參議員或國民參政會參政員、國民大會代表等均屬之。

此次當選之21位縣市長中，曾擔任過上項所列之職務者計有盧纘祥、朱盛淇、張山鐘、陳振宗、吳三連、葉廷珪等6人佔所有各職業類別人數的8.2%。

前曾言之朱盛淇、葉廷珪、吳三連3人畢業於日本各大學之法政科與商經科外，前二者也都當選過地方議員。如，朱盛淇在日治時期當選過新竹州議會議員，光復後當選縣參議會副議長；葉廷珪則於光復前當選過台南市議會議員。吳三連雖未當選過地方議員，但在民國36年當選上第一屆行憲國民大會代表，是屬於中央級的民意代表，也是擁有相當的民意基礎。而盧纘祥、張山鐘和陳振宗等3人，雖未赴國外接受教育，是在島內接受教育，但自畢業後都一直服務於鄉里，因此都維持良好的人際關係。而盧纘祥除在工商企業界擁有相當的身份和地位外，在日治時期復當選過頭圍庄和臺北州協議會員，36年先後當選臺北縣參議員、副議長，以及議長之職。張山鐘和陳振宗兩人在光復前也都當選該區之協議會員，光復後張山鐘當選屏東市參議員；陳振宗當選台東縣參議員及議長等職。因此，這些曾當選過地方議員之縣市長，在地方上都是具有相當的民意基礎和良好的人際關係，自然有利於日後的參與競選該地區縣市長之選舉。

此外，我們亦可由此次縣市長選舉中看出，出身議員或民意代表而當選縣市長的人數有限，比例也下降許多，較之36 年由議員出身而當選第一屆行憲國大代表的人數少了許多，[70]這自然與候選人本身之條件有關。蓋議員與行憲國大代表之工作性質較爲相似，議員嫻熟議事規則，並且具有豐富的議事經驗，若當選國大代表，自可適應國大會議之召開與各種議事規則，自然樂於參加競選。反觀縣市長之工作不但繁忙，壓力沉重，且要有實際之行政經驗和專業知識方可勝任，由於兩者之工作性質完全不同，自然願意前來參選的人數也減少，比例也跟著下降許多，其原因即在於此。

十、軍（警）職

此次所選出的縣市長，曾經在軍警單位服務過的只有 3 人，分別是臺北縣的梅達夫、澎湖縣的李玉林和基隆市的謝貫一，所佔的比例爲 2.7%。

梅達夫於民國 12 年畢業於保定軍官學校第 9 期，畢業後即進入軍中服務。北伐時任第 10 軍第 29 師上校團長及參謀處長，22 年復調升第 167 師少將參謀長，其後職務屢有調動，並參加剿匪，屢建戰功。25 年 6 月，奉調入陸軍大學將官講習班第 3 期受訓，27 年入武昌軍官訓練班受訓。31 年抗戰期間，擔任河南第 8 區行政督察專員兼保安司令，對安定地方，

70 民國 36 年臺灣省所選出的第一屆國大代表中，出身議員的有 14 人。見李南海：《民國 36 年臺灣省行憲國民大會代表選舉之研究》，頁 109。

供給前線有所貢獻。因此，豫東民眾莫不對其口碑載道。[71]是以梅氏自軍校畢業，服務軍中，歷經北伐、剿匪、抗戰等重大戰役，戰功顯著，確實立下了不少汗馬功勞。

民國 35 年梅氏應臺灣行政長官公署之聘，擔任參議，參贊政務，36 年 6 月奉派擔任臺北縣縣長，直到 40 年 2 月辭職，參選第一屆臺北縣長止，在職 3 年 8 個月，其後復當選第一屆臺北縣長，自民國 40 年 5 月 1 日至 43 年 6 月 2 日止，總共擔任臺北縣長 6 年 9 個月。

至於李玉林，16 歲即投筆從戎，歷任陸軍第三軍中校、上校參謀等職。民國 20 年入中國大學就學，26 年七七抗戰爆發，李氏奉派赴敵後從事地下工作，重創日軍，迭有佳績，28 年不幸被捕下獄。35 年被任命爲唐山警察局局長，其後並帶團赴南京中央訓練團受訓，國共內戰時復投入軍旅，展開剿匪之戰。38 年率部隊撤退至澎湖，李氏榮任馬公要塞守備團團長兼軍官大隊長，第 2 年奉派出任澎湖縣縣長，40 年 1 月復當選首屆民選縣長，且三度連任，是以其主持澎湖縣政長達 11 年之久。[72]

謝貫一前曾論述過，自雅禮大學畢業後，自費留學美國，就讀密西根大學，專攻市政，獲碩士學位，回國後曾任中央政治學校及高等警官學校教授。

民國 20 年，轉任漢口市政府秘書，任內積極促進市政發展。25 年任軍事委員會重慶行營少將組長，主管經濟建設。32 年調任貴州第 6 區行政督察專員兼保安司令，親率保安團

71 紀俊臣、陳陽德：《臺灣地方自治人物誌（縣市長篇）》，頁 1。
72 國史館編，《國史館現藏民國人物傳記史料彙編》，第 4 輯，頁 87、88。

隊，清剿匪部，屢建殊榮。抗戰勝利後，先後擔任善後救濟總署廣西安徽兩分署副署長，深入災區，搶救災民，貢獻良多。38 年謝氏隨政府遷移臺灣，其後奉派擔任基隆市長，主持市政，而暫時脫離軍職。因此謝氏擔任軍職係在抗戰前後此一段時間內。

總而論之，此 3 人中，真正屬軍校科班出身的只有梅達夫 1 人，而李玉林、謝貫一雖非軍校科班出身，但其在軍中的官階亦甚高，實屬難得。而在警界或相同單位服務過的有李玉林和謝貫一兩人；李玉林於抗戰勝利後，曾奉派唐山市警察局長；謝貫一則於美國留學回國後，曾在高等警官學校任教，擔任教授一職，並未實際負責警政工作，是以真正在警察單位任職過的只有李玉林 1 人。

由於此 3 人在實施地方自治之前即已奉派主持該縣市政務，自然是較他人略佔優勢，當政府開始在各縣市實施民選縣市長之時，這 3 人也都是層峯所屬意的對象，提名其出馬競選，而順利當選。然在當時出身軍旅的台籍人士也不少，但在當時情況下，實不便出馬與其競爭，是以此次當選之縣市長人數中出身軍旅的只有此 3 人，其道理即在此，較之 36 年所選出之第一屆行憲國大代表，出身軍旅的 4 人尚少 1 人。[73]

十一、黨務工作

此處所論述的黨務工作，係指各縣市長在當選前曾在其

73 李南海：《民國 36 年臺灣省行憲國民大會代表選舉之研究》，頁 110。

所加入的黨團等單位工作過，或其所從事過的職務與黨團有關係的均屬之。

由表五「縣市長當選人名單」之黨籍一欄中可以看出，此次所選出的縣市長中，屬國民黨籍的有 17 位，無黨籍的有 4 位，因此我們可以得知，這些當選的縣市長所屬的黨派，只有國民黨和無黨派兩種。由表五「縣市長當選名單」之經歷欄中亦可以看出，此 17 位擁有黨籍之縣市長，在選前曾在國民黨團單位服務過的，只有 4 人，他們是梅達夫、李國楨、張山鐘和謝掙強，所佔的比例甚低，只有 5.5%，其他 15 人則無法看出其是否在該黨團服務過，現僅就此 4 人服務過黨團的經歷略述如下：

梅達夫，前曾有多次介紹，除了在剿匪抗戰期間戰績輝煌，屢建奇功外，在整治地方行政方面，也有卓越的表現。民國 28 年調任河南省第 9 區行政督察專員兼保安司令，管轄 8 縣。梅氏到任後，悉心規畫督導考察，並認真清剿散匪，兼保衛地方，都有顯著之成效。其後復奉派兼任豫、鄂、皖邊區黨政分會委員，協助邊區重建工作。

民國 31 年，梅氏調任河南省第 8 區行政督察專員兼保安司令，所轄面積更廣，由於 8、9 兩區唇齒相依，此後梅氏施政採取政治、軍事齊頭並進，以期鞏固中原腹地，作爲洛陝關中之屏障。總計前後擔任專員約 7 年之久，尤其是在抗戰正殷時期，梅氏之表現對安定地方，供糈前線，貢獻卓著，而豫東民眾對其更是讚譽有加。這些表現，都能得到層峯之肯定，自然對其往後在政壇上之發展幫助甚大。

李國楨和張山鐘兩人，由於資料之不足，無法進一步了解其在黨務工作上的表現，僅知李國楨在光復初期擔任南投縣民政局長時兼任國民黨南投縣改造委員會委員。而張山鐘則擔任國民黨屏東縣監察委員會黨務委員，其他則一無所知。

至於謝掙強，少時即赴日本求學，在慶應大學預科就讀，因不滿日本軍閥之囂張，在學業未完成時，即返回臺灣從事光復臺灣之運動，並擔任臺灣革命同盟會執行委員兼組長、隊長等職。抗戰期間，任臺灣義勇總隊駐渝辦事處主任，其後曾入中央訓練團黨政班 18 期，暨臺灣省行政班第 1 期畢業，並兼任中央黨部專員，以及中央設計局臺灣調查委員會委員等職。

除此之外，謝氏在抗戰期間，因追隨國民政府，參加抗日活動，因此具有「半山」分子的色彩。抗戰勝利後，奉命返台，參與國府的接收工作。由於謝氏忠黨愛國，且以實際行動參與救國大業，自然爲層峯所賞識。因此在民國 40 年政府實施地方自治時，謝氏乃被黨部推舉爲高雄市市長候選人，參與競選，最後終於在第一次投票時即獲得高票，順利當選第一屆民選市長。[74]

第六節　黨派勢力之分析

由前之所論可以得知，在此次選舉中，國民黨共有 17 人當選，可以說是獲得大勝。其他當選的 4 人均屬無黨派人

---

74 民族文化出版社編輯委員會編輯：《自由中國名人實錄》，頁 256。

士，分別是賴順生、楊仲鯨、吳三連，和楊基先。

根據《臺灣省實施地方自治紀要》一書之記載，此次參與競選的黨派只有國民黨和無黨派兩種。屬國民黨籍參選者共有 56 人，屬無黨派者則有 34 人。臺北市長當選人吳三連曾對外宣稱他係民社黨黨員，[75]但根據資料顯示，他是以無黨派身份登記參選[76]。因此，他是否真屬民黨社則不得而知。此外，值得一提的是，南投縣參選人除了國民黨籍的洪金園和李國楨外，尚有兩位無黨派人士參與競選，一是陳如商；一是廖啓川。陳如商獲得青年黨之支持，廖啓川則獲得民社黨之支持[77]，但選舉結果，只有國民黨之李國楨獲得當選，其他 3 人均未能當選。由此可以看出，青年黨和民社黨雖都支持特定人士參與競選，但畢竟此兩黨在地方上的知名度不高，與國民黨的勢力相差極爲懸殊，且無重大的事蹟表現，以致無法引起多數選民的認同，加以選舉法規對於政黨活動不予保護，致使其他黨派無法與國民黨相抗衡，使得國民黨在地方選舉中無論是行政首長或民意代表的選舉，經常獲勝，且擁有絕對多數的控制權。[78]

75 臺北市長吳三連在選前聲明他的身份是超黨派的，並向國民黨臺灣省黨部主任委員倪文亞保證，當選市長後絕對入黨，國民黨乃決定支持黨外人士的吳三連。迨吳氏當選市長後竟忘了當初的「君子協定」，倪氏乃屢次催請入黨，最後因倪氏逼得太緊，吳三連只好攤牌，告知倪氏，他是民社黨員。見卜幼夫：《臺灣風雲人物》（臺北市：新聞天地社發行，民國 51 年 7 月初版），頁 29、30。

76 《臺灣省實施地方自治紀要》，附錄五（臺灣省各縣市第一屆縣市長選舉統計表），頁 7。

77 〈南投縣長寶座誰屬，三友黨競爭激烈〉，《中華日報》，台南，民國 40 年 5 月 5 日，第 5 版。

78 陳陽德：《臺灣地方民選領導人物的變動》，頁 56。

由於國民黨在此次選舉中，並無訂定提名候選人之辦法，對有志參選的黨員也不加干涉，採自由登記辦法，因此容易造成一縣市內有多位國民黨籍候選人參選的情況。如，桃園縣有 5 位、屏東縣有 6 位、台南縣亦復如此，有 6 位國民黨籍候選人參與競選。[79]

雖然國民黨對有意參選的黨員不加干涉，但在最後提名候選人時黨中央仍會表示意見。如此次縣參議員及縣市長選舉，國民黨總裁蔣中正曾發電文給秘書長張曉峯，要求「本黨同志若欲參加臺灣省各縣市長及參議員選舉者，必須照中日前面示各節，切實辦理」。並特別指定陳辭修、吳國楨、王雪艇、陳雪屏、谷正綱、倪文亞及張秘書長等人組織小組，由陳辭修為召集人，負責主持提名候選人事宜。[80]

其次，國民黨在地方選舉上雖佔絕對優勢，但是如果碰上實力較強的對手時，黨中央仍不得不動用黨的力量處理。如高雄市長選舉，由於競爭激烈，且無黨派之候選人李源棧實力雄厚，為能打贏此場選戰，黨中央最後做出支持謝掙強的決定。並下令高雄市改造委員會，分函通知全市各區黨分部，予以全力支持。[81]此外，國民黨中央並設法勸退國民黨另一候選人黃昭明，黃乃於 40 年 3 月 14 日正式聲明放棄競選，停止一切競選活動，認為「本黨既有所決定，自當遵照放棄」。[82]

---

79 同註 76，《臺灣省實施地方自治紀要》，附錄五：臺灣省各縣市第一屆縣市長選舉統計表，頁 3、6、8。

80 〈選舉縣市長暨有關地方自治〉，《總統府檔案》，檔號：0039/3100601/1/1/010，頁 9468。

81 〈黨支持謝掙強〉，《中華日報》，台南，民國 40 年 3 月 15 日，第 4 版。

82 〈黃昭明退讓賢能，已放棄競選市長〉，《公論報》，臺北，民國 40 年 3 月 14 日，第 5 版。

同樣的高雄縣長選舉，國民黨省改造委員會爲將選票集中，亦決定全力支持該黨之候選人洪榮華競選，乃設法勸退國民黨籍之另一候選人吳崇雄，吳爲恪遵該黨的決策，毅然宣佈放棄參加縣長競選，並發表書面談話曰：「崇雄此次承黨內同志及各方人士之鼓勵，參加高雄縣縣長選舉，其動機純爲創導民主風氣，茲於本月 23 日上午 10 時接奉本黨上級黨部電令，自應放棄讓賢，惟自競選以來，荷蒙各界簽署推荐及各方友好出錢出力多方贊助，自當銘篆五中，圖報將來。」[83]

由此可以看出，國民黨爲求得勝選，不得不出面採取行動，勸退勝選希望較小的黨員同志，全力輔助較有希望打贏選戰的黨內同志。不可否認的，任何黨派的候選人若能得到該黨的提名與支持，自然能夠達到事半功倍的效果，國民黨更復如此。時至今日，不論是任何政黨，面對一對一選舉時，都不希望黨內再有其他候選人出馬參選，主要原因就是怕選票被分散了。此外，各個政黨也欲藉著地方選舉，達到它掌控地方的目的。

---

83 〈本黨支持洪榮華，競選高雄縣縣長，吳崇雄遵黨決策宣佈放棄〉，《中華日報》，台南，民國 40 年 3 月 24 日，第 5 版。

第六章　結　論

地方自治是實施民主政治的基礎，地方自治實施的成功與否，自然影響未來民主政治的發展。中山先生曾說：「地方自治爲建國基礎」，又說：「地方自治者，國之礎石也。礎不堅，則國不固」。[1]可見地方自治與民主政治的關係非常密切，也關係到國家未來的發展。

臺灣省自民國 39 年 7 月以來，先後完成了縣市議員和縣市長的選舉，這正象徵著臺灣開始實施地方自治了。省主席吳國楨有感而發的說：「本省實施縣市地方自治，不但在中國是創舉，即從整個東南亞來看，也是開創民主政治的新紀元」。[2]

雖然此時臺灣省已開始實施地方自治，但較之二二八事件發生後，白崇禧來台進行綏撫時，代表國民政府宣布將儘速在臺灣實施縣市長選舉的時程又延宕了好幾年。其主要原因在於立法院始終無法將「省縣自治通則」的立法程序完成，致使臺灣無法源根據，無法進行自治事項。因此，此次縣市

1 孫中山：〈自治制度爲建設之礎石〉，《國父全集》，第 2 冊（臺北市：中國國民黨中央委員會黨史委員會編訂，民國 77 年 3 月 1 日再版），頁 354。
2 〈縣市地方自治告成，吳主席昨發表感想〉，《公論報》，臺北，民國 40 年 7 月 31 日，第 3 版。

長之選舉，係根據「臺灣省自治研究會」研擬出「臺灣省各縣市實施地方自治綱要」，以此作爲此次選舉之法理依據。如此做法，雖能暫時解決法源上的問題，但卻得不到憲法和法律上的保障，甚至到了民國 80 年動員戡亂時期臨時條款廢止爲止，都未能將「省縣自治通則」制定完成。正如前之所言，所有的選舉，都是以行政命令來推動地方自治，不僅與憲法的規定有相當的歧異，就連地方自治的地位與權限也得不到憲法與法律上的保障[3]。

其次是，這次的縣市長選舉，計分 8 期舉行，自民國 39 年 10 月花蓮、台東兩縣首開其端，到 40 年 7 月 29 日苗栗縣選出縣長爲止，前後歷時 10 月之久。而在此漫長的選舉過程中，僅有 8 縣市是在第一次投票時順利選出；其餘 13 縣市則必須舉行第 2 次的複選投票才選出縣市長。甚至苗栗縣長之選舉，竟投了 5 次票才選出之。如此之選舉，對選民、候選人，以及選務人員都是一項沉重的負擔，不但費錢費力，且對選舉本質並不具重大意義。[4]此一問題提出後，政府即加以改進，所以在第 2 屆縣市長選舉時，即取消此一不合時宜的選舉法規，規定縣市長選舉必須安排在同一天舉行，計票方式改爲以得票最多者爲當選人，每一縣市只經一次投票，一次即可成功。[5]

---

3 薛化元：〈臺灣地方自治體制的歷史考察 — 以動員戡亂時期爲中心的探討〉，頁 201。

4 項昌權：《臺灣地方選舉之分析與檢討》(臺北市：臺灣商務印書館印行，民國 60 年)，頁 43。

5 劉燕夫：《地方自治論集》，(臺北市：民間知識社發行，民國 53 年 1 月出版)，頁 191。

前曾言及，此次縣市長選舉，對候選人而言，並無任何特別之要求，唯一的要求就是需要有 3 千人以上的簽署書，方可成爲縣市長候選人。此一作法原是想促使賢能者出而競選，但實施之結果並未能達到此一效果，反增加選務工作人員業務上的負擔。因此，在民國 41 年 8 月，在召開第 1 次修改選舉法規會議時，即將此一簽署制度廢除，只保留了學經歷之規定。[6]申請人只要具備候選人之資格，即可逕行登記，成爲縣市長之候選人。

近代民主國家辦理選舉，均採取政黨提名候選人的方式的。民國 39 年 11 月 20 日，當時的總統蔣中正對臺灣省黨務訓練班結業典禮訓辭中有這樣的一段話：

> 現在臺灣省各縣市長的選舉正在進行，中央和地方政府應當本於民主和法治的精神，保障選民的權利，整肅選舉的風氣。本黨黨員自可遵循政黨政治的常規，參加競選。
>
> 但是黨員要競選，應由他的政黨提名，不能夠自由參加競選。[7]

由這一段話可以看出，國民黨黨員應遵循政黨政治常規，參加競選，且選舉應採政黨提名制度。但是，臺灣地方自治選舉單刑法規則偏偏摒棄政黨提名候選人的辦法，而是採取候選人自由簽署的方式。如此之做法表面看來，可讓候

6 傅仁燮：《臺灣地方選舉之研究》（臺北市：嘉新水泥公司文化基金會出版，民國 58 年 5 月初版），頁 123。

7 〈革命黨員與革命軍人應有的認識〉，《總統蔣公思想言論總集》，卷 23，演講（臺北市：中國國民黨中央委員會黨史委員會恭印，民國 73 年 10 月 31 日出版），頁 443-444。

選人自由參選，實際則是取消民青兩黨依法提名候選人的權利，亦即民青兩黨在這次選舉中自知無法對抗國民黨，而未提名候選人，因而造成國民黨的絕對優勢。如此之做法，則與樹立政黨政治之目標是背道而馳的。[8]事後，臺灣省政府於民國 41 年召開修改地方自治選舉法規會議時,即有委員提出增列政黨提名一項，但提到省政府會議中，卻遭到國民黨籍委員否決。[9]所以在當時希望能夠盡早實施黨政提名制，是大家所祈盼的。

在選務工作方面，尤其是監察人員，執政黨不宜再佔多數席次，因為選舉既是人民全體的事，就應由各合法政黨共同辦理，共同監督，所以更應禮聘地方公正人士或在野黨人士參與，如此才能顯示選舉的公正與公平，[10]更不易落人口實，且更能顯示執政黨的大公無私。

除了以上所論述以外，在此次選舉中，令人感到遺憾的是仍發生多起違法、舞弊、貪瀆等事，這說明一般選民或選務人員、候選人對民主法治觀念仍嫌不足。因此，如何對所有台省同胞在法治觀念方面的重視和再教育，這也是當政者不可忽視的一件大事。此外，由這次的選舉可以看出，女性參選人竟只有一位，令人感到女性參與縣市長選舉的人數確實太少了，這或許與縣市長之工作負擔較重有關。

8　社論：〈如何糾正臺灣選舉的弊端〉，《自由中國》半月刊，第 15 卷第 12 期（臺北市：自由中國社出版，民國 45 年 12 月 16 日），頁 3。

9　朱文伯：〈執政黨控制臺灣地方選舉的心理分析〉，《自由中國》半月刊，第 18 卷第 1 期（臺北市：自由中國社出版，民國 47 年 9 月 1 日），頁 21。

10　同前註，朱文伯：〈執政黨控制臺灣地方選舉的心理分析〉，頁 20。

這次的選舉，雖然有以上這些缺點有待改進，但不可否認的是仍有許多可取之處。如選務單位對選民或候選人並無太大的要求，與行憲國大代表之選舉相同，既無財產、學歷上的限制，又無性別上的差異，婦女和男性一樣都可參與競選。因此，報名參選的候選人甚多。

除此之外，選務單位也針對以往投票上之缺點，作了許多改善。如，圈寫選票的桌子與桌子間都保持相當的距離，且外加隔板，如此可使得選民在圈選選票時，不致受到干擾，且較有私密感。選務單位爲公平起見，復規定在投票所 2 百公尺以內，各候選人之競選標語、傳單應於投票前全部清除乾淨。投票所 2 百公尺以外，候選人之廣播競選聲音若仍傳到投票所內，足以擾亂選民心理時，監察小組可予以取締，並通知候選人知照。[11]

除了以上這些改善外，爭議多時的選票書寫候選人姓名一事，也在近幾次選舉中有所改善，亦即選民不必再在選票上書寫候選人的姓名，直接使用選務單位準備的木質戳印，在候選人的姓名上之方格欄內，加蓋圈印，並以一次爲限。[12]如此做法則可避免書寫選票的弊端，也是一項便民的措施，這些都是值得肯定的。

由於，臺灣自光復後，人民都熱衷於參與政治活動，每逢選舉，大家都熱烈參選，選民之投票率都很高，此次選舉，

---

11 〈各地通訊〉，《臺灣新生報》，臺北，民國 40 年 4 月 1 日，（五）。
12 〈選民投票注意事項〉，《臺灣新生報》，臺北，民國 40 年 1 月 14 日，（三）。

第一、二兩次的總投票率都在七、八成以上，[13]可見選民對追求民主政治的熱潮不減。不可否認的是，臺灣省自本次縣市長選舉完畢後，直到國會全面改選前，歷屆之縣市長或省縣鄉鎮之各級民意代表的選舉都能定期舉辦。因此，這些選舉「不僅提供地方精英參與政治的管道，也是中華民國政府實行民主的重要表現」。[14]

除此之外，也讓人體認到，因為有了選舉，就免不了有派系鬥爭，甚至省籍間的情節問題也即刻浮出檯面上，這次「福佬」、「客佬」之間，為了選票種下仇恨，都是在此情況下所造成的，往後凡遇選舉，在這方面都要謹慎小心處理才是。

13 本屆縣市長選舉，第一次全省總投票率為 75.77%，第二次為 80.87%，詳見表四：臺灣省各縣市第一屆縣市長選舉概況表即可知。

14 薛化元：〈臺灣地方自治體制的歷史考察 — 以動員戡亂時期為中心的探討〉，頁 202。

參考書目

一、中文資料

（一）檔　案

1.內政部典藏（依檔案卷號數字先後順序排列之）

①〈臺灣省各縣市長選舉罷免規程〉,《內政部檔案》，內政部藏，檔號：0039/B11417/3/0001/002。

②〈臺灣省各縣市長選舉罷免規程〉,《內政部檔案》，內政部藏，檔號：0039/B11417/3/0001/003。

③〈派員督導臺灣省縣市長選舉案〉,《內政部檔案》，內政部藏，檔號：0039/B11417/4/0001/002。

④〈派員督導臺灣省縣市長選舉案〉,《內政部檔案》，內政部藏，檔號：0039/B11417/4/0001/003。

⑤〈派員督導臺灣省縣市長選舉案〉,《內政部檔案》，內政部藏，檔號：0039/B11417/4/0001/005。

⑥〈派員督導臺灣省縣市長選舉案〉,《內政部檔案》，內政部藏，檔號：0039/B11417/4/0001/006。

⑦〈派員督導臺灣省縣市長選舉案〉,《內政部檔案》，內政部藏，檔號：0039/B11417/4/0001/007。

⑧〈派員督導臺灣省縣市長選舉案〉，《內政部檔案》，內政部藏，檔號：0039/B11417/4/0001/009。
⑨〈派員督導臺灣省縣市長選舉案〉，《內政部檔案》，內政部藏，檔號：0039/B11417/4/0001/010。
⑩〈派員督導臺灣省縣市長選舉案〉，《內政部檔案》，內政部藏，檔號：0039/B11417/4/0001/011。
⑪派員督導臺灣省縣市長選舉案〉，《內政部檔案》，內政部藏，檔號：0039/B11417/4/0001/012。
⑫派員督導臺灣省縣市長選舉案〉，《內政部檔案》，內政部藏，檔號：0039/B11417/4/0001/013。
⑬〈臺灣省實施縣市地方自治選舉應行改善注意要點〉，《內政部檔案》，內政部藏，檔號：0039/B11417/7/0001/001。
⑭〈臺灣省實施縣市地方自治選舉應行改善注意要點〉，《內政部檔案》，內政部藏，檔號：0039/B11417/7/0001/002。
⑮〈臺灣省縣市議員及市長選舉督導〉，《內政部檔案》，內政部藏，檔號：0039/B12413/16-12/0001/016。
⑯〈臺灣省縣市議員及市長選舉督導〉，《內政部檔案》，內政部藏，檔號：0039/B12413/16-12/0001/017。
⑰〈為高雄市第八縣市縣市長選舉結果報請暨賜核備由〉，《內政部檔案》，內政部藏，檔號：0040/B11417/12/0001/004。
⑱〈臺灣省苗栗縣縣長選舉糾紛〉，《內政部檔案》，內政部藏，檔號：0040/B11418/16-4/0001/004。

2.臺灣省政府典藏

①〈縣市長選舉〉，《臺灣省政府檔案》，臺灣省政府藏，檔號：0039/071/92/1/001。

②〈縣市長選舉〉,《臺灣省政府檔案》，臺灣省政府藏，檔號：0039/073/3/5/015。
③〈縣市長選舉〉,《臺灣省政府檔案》，臺灣省政府藏，檔號：0039/073/3/7/018。
④〈縣市長選舉〉,《臺灣省政府檔案》，臺灣省政府藏，檔號：0039/073.2/2/1/013。
⑤〈縣市長選舉〉,《臺灣省政府檔案》，臺灣省政府藏，檔號：0039/073.2/2/1/018。
⑥〈縣市長選舉〉,《臺灣省政府檔案》，臺灣省政府藏，檔號：0039/294/21/1/001。

3.總統府典藏

①〈選舉縣市長暨有關地方自治〉,《總統府檔案》，總統府藏，檔號：0039/310060/1/1/010。
②〈選舉縣市長暨有關地方自治〉,《總統府檔案》，總統府藏，檔號：0039/310060/1/1/020。
③〈選舉縣市長暨有關地方自治〉,《總統府檔案》，總統府藏，檔號：0039/310060/1/1/030。
④〈選舉縣市長暨有關地方自治〉,《總統府檔案》，總統府藏，檔號：0039/310060/1/1/040。
⑤〈選舉縣市長暨有關地方自治〉,《總統府檔案》，總統府藏，檔號：0039/310060/1/1/050。
⑥〈選舉縣市長暨有關地方自治〉,《總統府檔案》，總統府藏，檔號：0039/310060/1/1/060。
⑦〈選舉縣市長暨有關地方自治〉,《總統府檔案》，總統府藏，檔號：0039/310060/1/1/070。

（二）史料彙編

1.中國地方自治學會主編：《臺灣地方自治實錄》（臺北市：中國地方自治學會發行，民國 40 年 9 月初版）。
2.《內政部部史》（臺北市：內政部編印，民國 82 年 6 月初版）。
3.《台省地治十年輯要》（基隆市：民眾日報資料室，民國 50 年元月初版）。
4.《民主憲政的理想與實踐》，臺灣光復 40 年專輯（政治建設篇）（台中市：臺灣省政府新聞處，民國 74 年 10 月 25 日出版）。
5.《「自由中國」選舉①》（臺北市：80 年代出版社，民國 68 年 9 月 1 日出版）。
6.《地方自治論述專輯》（臺北市：內政部出版，民國 84 年 1 月出版）。
7.林祚堅撰：《臺中縣地方自治史料彙編》（臺中縣：臺中縣立文化中心編印，民國 83 年 6 月出版）。
8.高育仁發行：《臺灣省實施地方自治三十週年學術論文集》（南投市：臺灣省政府民政廳第二科，民國 69 年 6 月出版）。
9.徐有春主編：《民國人物大辭典》（河北人民出版社出版，1991 年 5 月第 1 次印刷）。
10.《國父全集》，第 2 冊（臺北市：中國國民黨中央委員會黨史委員會，民國 77 年 3 月 1 日再版）。
11.國史館編：《國史館現藏民國人物傳記史料彙編》，第 4、13 輯（臺北縣：國史館編印，民國 79 年 6 月、84 年 2

月出版）。
12.許雪姬總策畫：《臺灣歷史辭典》（臺北市：行政院文化建設委員會發行，2004 年 5 月 18 日，第 1 版第 1 刷）。
13.許進發編：《臺灣重要歷史文件選編（1895-1945）》，第 1 冊（臺北縣：國史館發行，民國 93 年 11 月初版）。
14.張炳楠等著：《地方自治論文集》（臺北市：華岡出版部，民國 63 年 9 月出版）
15 瞿韶華主編：《中華民國史事紀要（初稿）》，民國 39 年 4-6 月份（臺北縣：國史館印行，民國 83 年 12 月出版）。
16.《臺灣省實施地方自治紀要》（南投市：臺灣省政府民政廳編印，民國 40 年 12 月出版）。
17.《臺灣省地方自治誌要》（臺北市：臺灣省地方自治誌要編輯委員會，民國 54 年 11 月 12 日出版）。
18.《臺灣省的政治建設-實施地方自治三十年》（南投市：臺灣省政府民政廳第二科，民國 69 年 4 月出版）。
19.《臺灣省實施地方自治紀要》（南投市：臺灣省政府民政廳發行；民國 40 年 12 月初版）。
20.《蔣總統集》，第 1、2 冊（臺北市：國防研究院出版，民國 52 年 10 月 31 日臺增訂本初稿）。
21.潘振球主編：《中華民國史事紀要（初稿）》，民國 39 年 7-12 月份（臺北縣：國史館印行，民國 86 年 5 月出版）。
22.潘振球主編：《中華民國史事紀要（初稿）》，民國 40 年 1-6 月份（臺北縣：國史館印行，民國 84 年 5 月出版）。
23.潘振球主編：《中華民國史事紀要（初稿）》，民國 40 年 7-12 月份（臺北縣：國史館印行，民國 85 年 2 月出版）。

24.劉燕夫：《地方自治論集》（臺北市：民間知識社發行，民國 53 年 1 月出版）。
25 歐素瑛編註：〈地方自治與選舉〉，《戰後臺灣民主運動史料彙編（五）》（臺北縣：民國 90 年 12 月初版 1 刷）。
26.繆全吉主編：《選舉是大家的事》（臺北市：聯合報社出版，民國 67 年 12 月初版）。

（三）公報、報紙、期刊、雜誌

1.《天下雜誌》，第 427 期（臺北市：天下雜誌，民國 98 年 7 月 29 日）。
2.《中央日報》，臺北版，民國 39 年 4 月 1 日～民國 40 年 7 月 31 日。
3.《中華日報》，台南版，民國 39 年 10 月 16 日～民國 40 年 3 月 15 日。
4.《公論報》，臺灣版，民國 39 年 3 月 27 日～民國 40 年 7 月 31 日。
5.《臺灣新生報》，臺北版，民國 39 年 4 月 1 日～民國 40 年 7 月 31 日。
6.《自由中國》半月刊，第 6 卷 6 期～第 18 卷 10 期（民國 41 年 3 月~47 年 5 月 16 日）
7.《自立晚報》，臺北版，民國 39 年 5 月 12 日～民國 39 年 11 月 14 日。
8.《近代中國》，第 135 期（臺北市：近代中國雜誌社，民國 89 年 2 月 25 日出版）。
9.《新萬象》，第 69 期（臺北市：音興圖書公司，民國 70 年

11 月 30 日出刊）。
10.《臺灣文獻》，第 46 卷，第 2、3 期（台中市：臺灣省文獻委員會，民國 84 年 6 月 30 日、9 月 30 日出版）。
11.《臺灣省政府公報》，民國 39 年 7 月 1 日～民國 40 年 7 月 31 日（南投市：臺灣省政府秘書處編輯發行）。

（四）專　書

1.卜幼夫：《臺灣風雲人物》（香港：新聞天地社，民國 51 年 7 月初版）。
2.王詩琅等著：《臺灣史》（台中市：臺灣省文獻委員會編印，民國 66 年 4 月 30 日）。
3.中央選舉委員會編印：《中日韓選舉法的比較》（臺北市：編者印行，民國 69 年 12 月出版）。
4.民族文化出版社編輯委員會編輯：《自由中國名人實錄》（臺北市：民族文化出版社，民國 42 年 4 月初版）。
5.江繼五：《地方自治概要》（臺北市：大中國圖書公司，民國 74 年 1 月初版）。
6.汪知亭：《臺灣教育史料新編》（臺北市：臺灣商務印書館股份有限公司發行，民國 67 年 4 月初版）。
7.李筱峯：《臺灣民主運動四十年》（臺北市：自立晚報社文化出版部出版，民國 76 年）。
8.李筱峯：《臺灣戰後初期的民意代表》（臺北市：自立晚報社文化出版部出版，民國 76 年 6 月 3 版）。
9.李南海：《民國 36 年臺灣省行憲國民大會代表選舉之研究》（臺北市：文史哲出版社印行，民國 99 年 12 月初版）

10.呂實強、呂芳上等撰：《臺灣近代史》，政治篇（南投市：臺灣省文獻委員會出版，民國 84 年 6 月 30 日）。
11.吳三連口述，吳豐山撰記：《吳三連回憶錄》（臺北市：自立晚報社文化出版部出版，民國 80 年 12 月，第 1 版 1 刷）。
12.吳文星：《日據時期臺灣社會領導階層之研究》（臺北市：正中書局，民國 81 年 3 月，台初版）。
13.東南文化出版社編輯委員會編輯：《南臺灣人物誌》（台中市：東南文化出版社，民國 45 年 12 月 20 日出版）。
14.周崑陽發行：《臺灣時人誌》，（上冊）臺籍人士篇（臺北縣：龍文出版社股份有限公司，2009 年 12 月出版）。
15.周繼祥：《地方自治之研究》（臺北市：文笙書局，民國 77 年 5 月 14 日出版）。
16.紀俊臣、陳陽德：《臺灣地方自治人物誌（縣市長篇）》（臺灣省諮議會委託研究，民國 90 年 6 月）。
17.《威權體制的變遷：解嚴後的臺灣》（臺北市：中央研究院臺灣史研究所籌備處發行，2001 年 1 月初版）。
18.莊英章、吳文星纂修：《頭城鎮志》（宜蘭縣：頭城鎮志編纂委員會，民國 74 年 12 月出版）。
19.陳陽德：《臺灣地方民選領導人物的變動》（臺北市：四季出版事業有限公司，民國 70 年 4 月 2 日，第 1 版）
20.陳瑤塘主編：《清水鎮志》（清水鎮：清水鎮公所發行，民國 87 年 8 月 25 日出版）
21.游鑑明：《日據時期臺灣的女子教育》（臺北市：國立臺灣師範大學歷史研究所專刊（20），民國 77 年 12 月初版）
22.項昌權：《臺灣地方選舉之分析與檢討》，（臺北市：臺灣商務印書館印行，民國 60 年）。
23.傅仁燮：《臺灣地方選舉之研究》，（臺北市：嘉新水泥公司文化基金會出版，民國 58 年 5 月初版）。
24.照史著：《高雄人物評述》（高雄市：春輝出版社出版，民國 72 年 10 月 15 日初版）。
25.楊肇嘉：《楊肇嘉回憶錄》，（二）（臺北市：三民書局股份有限公司，民國 67 年 4 月 3 版）。
26.楊舜主編：《中國臺灣名人傳》（臺北市：中華史記編輯委員會編纂，民國 50 年 6 月 21 日再版）。
27.董翔飛編著：《中華民國選舉概況》，下篇（中央選舉委員會，民國 73 年 6 月出版）。
28.《臺灣選政①》（南投市：臺灣省政府民政廳編印，民國 59 年 6 月再版）。
29.《臺灣省地方自治研究會專刊》（臺北市：臺灣省地方自治研究會，民國 38 年 12 月 20 日）。
30.《臺灣省通志稿》，卷 3，政事志行政篇（臺北市：成文出版社重刊，民國 72 年）。
31.鄭牧心著：《臺灣議會政治四十年》（臺北市：自立晚報，民國 76 年 10 月初版）。
32.鄭梓著：《戰後臺灣議會運動史之研究 — 本土精英與議會政治（1946-1951）》（臺北市：華世出版社，民國 77 年 3 月初版）。
33.興南新聞社編：《臺灣人士鑑》（臺北市：興南新聞日刊十週年記念出版，昭和 18 年 3 月 15 日發行）。
34.薛化元著：《「自由中國」與民主憲政》（臺北市：稻鄉出

版社，民國 85 年 7 月初版）
35.謝漢儒著：《關鍵年代的歷史見證》（臺北市：唐山出版社，1998 年元月初版 1 刷）。

（五）專　文

1.碩、博士論文

①王孟平：《訓政時期憲政準備歷程之研究》（臺北市：政治大學三民主義研究所博士論文，民國 83 年 7 月）。
②朴鎰盛：《臺灣省地方自治與社區發展之研究》（臺北市：中國文化大學三民主義研究所碩士論文，民國 78 年 12 月）。
③李忠宰：《中華民國地方自治之研究》（臺北市：中國文化大學三民主義研究所碩士論文，民國 76 年 6 月）。
④呂婉如：《公論報與戰後初期臺灣民主憲政之發展（1947-1961）》（臺北市：臺灣師範大學歷史研究所碩士論文，民國 90 年 6 月）。
⑤河暎愛：《臺灣省縣市長及縣市議員選舉制度之研究》（臺北市：臺灣大學政治學研究所博士論文，民國 78 年 2 月）。
⑥洪玉昆：《國父地方自治與臺灣社區發展之研究》（臺北市：臺灣大學三民主義研究所碩士論文，民國 66 年 6 月）。
⑦洪昌文：《臺灣省各縣市實施地方自治綱要制定之研究》（臺北市：中國文化大學政治學研究所碩士論文，民國 73 年 6 月）。
⑧姚貴雄：《臺灣省現行地方自治制度之研究》（臺北市：臺灣大學三民主義研究所碩士論文，民國 80 年 6 月）。
⑨范毅芬：《我國婦女參政之研究-臺北縣市地區現任女性議

員參政之分析》(臺北市:臺灣大學三民主義研究所碩士論文,民國 70 年 11 月)。
⑩陳明通:《威權政體下臺灣地方政治菁英的流動(1945-1986)》(臺灣大學政治研究所博士論文,民國 79 年 12 月)。
⑪陳淳斌:《國父地方自治思想之研究》(臺北市:臺灣大學三民主義研究所碩士論文,民國 75 年 6 月)。
⑫趙永茂:《臺灣省基層政治精英之民主價值取向-鄉鎮(市)長、民意代表之分析(民國 71 年 2 月~75 年 5 月)》(臺北市:臺灣大學政治學研究所博士論文,民國 76 年 5 月)。
⑬鄭鴻源:《臺灣省地方自治法規歷次修改之研究》(臺北市:政治大學公共行政研究所碩士論文,民國 64 年 5 月)。
⑭盧文婷:《戰後臺灣婦女參政的個案研究-以許世賢爲例》(臺北市:中興大學歷史學研究所碩士論文,民國 93 年 1 月)。
⑮魏誠:《自由中國半月刊內容演變與政治主張》(臺北市:政治大學新聞研究所碩士論文,民國 73 年 1 月)。

2.一般期刊論文

①朱文伯:〈執政黨控制臺灣地方選舉的心理分析〉,《自由中國》半月刊,第 18 卷第 1 期(臺北市:自由中國社出版,民國 47 年 1 月 1 日)。
②江世凱:〈彰化縣歷屆縣長選舉軼聞〉,《臺灣文獻》,第 46 卷,第 2 期(台中市:臺灣省文獻委員會,民國 84 年 6 月 30 日出版)。
③阮毅成:〈臺灣省實施地方自治的檢討〉,《「自由中國」── 地方自治與選舉》,選集①(臺北市:八十年代出版社

出版發行，民國 69 年 9 月 1 日初版）。

④呂育誠：〈地方自治百年成長與發展〉，《中華民國發展史》，政治與法制，上冊（臺北市：聯經出版事業股份有限公司出版，2011 年 10 月初版）。

⑤沈雲龍：〈有關臺省地方選舉的幾個問題〉，《自由中國》半月刊，第 16 卷第 8 期（臺北市：自由中國社出版，民國 46 年 4 月 16 日出版）。

⑥社論：〈如何糾正臺灣選舉的弊端〉，《自由中國》半月刊，第 15 卷第 12 期（臺北市：自由中國社出版，民國 45 年 12 月 16 日）。

⑦社論：〈從王國柱之死談臺灣地方自治〉，《自由中國》半月刊，第 18 卷第 10 期（臺北市：自由中國社出版，民國 47 年 5 月 16 日出版）。

⑧社論：〈實施地方自治，不要欲放還收〉，《公論報》臺北，民國 45 年 11 月 22 日，第 1 版。

⑨陳克文：〈地方自治與民主政治〉，《自由中國》半月刊，第 6 卷第 6 期（臺北市：自由中國社出版，民國 41 年 3 月 16 日）。

⑩陳進興：〈臺灣地方自治的回顧與前瞻〉，《臺灣文獻》，第 46 卷第 3 期（南投市：臺灣省文獻委員會發行，民國 84 年 9 月 30 日出版）。

⑪連震東：〈本省地方自治的期待與實施〉，《臺灣省地方自治研究專刊》（臺北市：臺灣省地方自治研究會，民國 38 年 12 月 20 日）。

⑫張朋園：〈從民初國會選舉看政治參與〉，《中國近代現代史

論集》，第 19 編（臺北市：臺灣商務印書館發行，民國 75 年 6 月初版）。
⑬張朋園：〈國民黨控制下的國會選舉（1947~1948）〉，《中央研究院近代史研究所集刊》，第 35 期（臺北市：中央研究院近代史研究所發行，民國 90 年 6 月）。
⑭彭昱融：〈五千年來首場縣長選舉，民主第一道曙光在花蓮〉，《天下雜誌》，第 427 期（臺北市：天下雜誌，民國 98 年 7 月 29 日出版）。
⑮劉淑惠：〈我國地方自治的現狀與檢討〉，收入許志雄、許宗力等著，《地方自治之研究》（臺北市：業強出版社，民國 81 年）。
⑯劉義周：〈解嚴後臺灣政黨體系的發展〉，《威權體制的變遷：解嚴後的臺灣》（臺北市：中央研究院臺灣史研究所籌備處發行，2001 年 1 月初版）。
⑰蔣曙春：〈三十年前臺灣四大市長初選瑣憶〉，《新萬象》，第 69 期（臺北市：音興圖書公司，民國 70 年 11 月 30 日出刊）。
⑱薛化元：〈選舉與臺灣政治發展（1950~1996）── 從地方自治選舉到總統直選〉，《近代中國》，第 135 期（臺北市：近代中國雜誌社，民國 89 年 2 月 25 日出版）。
⑲薛化元：〈臺灣地方自治體制的歷史考察 ── 以動員戡亂時期爲中心的探討〉，《威權體制的變遷：解嚴後的臺灣》（臺北市：中央研究院臺灣史研究所籌備處發行，2001 年 1 月初版）。
⑳薄慶玖：〈由民國 66 年地方公職人員選舉檢討我國地方選

舉制度〉,《國立政治大學學報》,第 39 期(臺北市:國立政治大學發行,民國 68 年 5 月出版)。

二、外文資料

1.Alderfer, Harold F., *Local Government in Developing Countries,* New York: Mcgraw Hill Book Company, 1964.

2.Alexander, Herbert E., *Financing Politics: Money, Election, and Political Reform 3rd. ed.,* Washington D.C.: Congressional Quarterly Inc., 1984.

3.Almond, G. A. & Powell G.. B. Jr. *Comparative Politics: System, Process, and Policy,* Boston: Little Brown, 1978.

4.H. A. Simon, *Administrative Behavior,*(N. Y. 1958).

5.Harris, G. Montagu, *Comparative Local Government,* London: Hutchinsons University Library, 1948.

6.Henry J. Schmandt &Paul G. Steunbicker, *Fundamentals of Government,* Milwaukee: The Bruce Publishing Co., 1954.

7.J. M. Pfiffner & R.V. Presthus, *Public Administration,* Ronald, N. Y. 1958. Malbin, Michael J., ed., *Money and Politics in the United States,* New Jersey: Chatham House Publishers, 1984.

8.Mattei Dogan, *"Political Ascent in a Class Society:* French Deputies, 1870-1958" in Marvick.

9.Philips, Kelvin P., and Blackman, Paul H. *Electoral Reform and Voter Participation,* Washington D. C.: American Enterprise

Institute for Public Policy Research, 1975.

10. "*Public Opinion and Voting Behavior.*" In Fried I. Greenstein and Nelson W. Polsby, eds. Handbook of Political Science. Reading, Mass.: Addison Wesley Vol. 4, 1975.

11. Samuel Humes & Eilleen M. Martin, *The Structure of Local Government throughout the World,* Printed in the Netherlands,1961.